RENNWAGEN

RENNWAGEN

von 1895 bis 1965

DAUSIEN

RENNWAGEN
Text: Juraj Porázik
übersetzt von Felicitas Minaričová
Abbildungen: Ján Oravec
© 1988 und Herstellung Verlag Slovart
VERLAG WERNER DAUSIEN · HANAU
ISBN 3-7684-0874-4

EINLEITUNG

Automobilrennen waren schon in ihren ersten Anfängen sensationelle Ereignisse. Und die unvergleichliche Atmosphäre, die Hunderttausende von Zuschauern zu den Rennstrecken zog, ist bis heute unverändert geblieben.

Nach den Anfängen Ende des vergangenen Jahrhunderts ging die Entwicklung des Autos mit Riesenschritten voran. Ein Rennen folgte dem anderen. Und diese Rennen förderten die ständige Weiterentwicklung der Automobiltechnik.

Bis zur Jahrhundertwende waren allgemeingültige Reglements festgelegt worden. Die Rennen um den Großen Preis wurden zu Höhepunkten im Automobilsport. Hier präsentierten die Hersteller Spitzenerzeugnisse, und hier demonstrierten die Fahrer Spitzenleistungen.

Neben den 88 Rennwagen, Siegermodellen und einigen beachtenswerten Konstruktionen aus deutscher, französischer und japanischer Produktion werden in diesem Buch auch die bekanntesten Grand-Prix-Strecken und berühmte Fahrerpersönlichkeiten kurz beschrieben. Dem Autor war daran gelegen, so detailliert wie möglich die wesentlichen Etappen des Automobilrennsportes nachzuzeichnen.

AUS DER GESCHICHTE
DER AUTOMOBILRENNEN

Der den Menschen eigene Drang zum Wettbewerb kam rasch in der Entwicklung des Automobils zum Ausdruck. Und menschliche Eigenschaften, Fähigkeiten eines Sportlers waren es, die man auch dem Auto zuschrieb: Kraft, Geschwindigkeit und Ausdauer. So war es ganz natürlich, daß das Auto zum Mittel einer neuen Wettbewerbsdisziplin wurde — des Automobilsports. Die Motive, die zur Veranstaltung der ersten Autorennen führten, waren vielfältig. Es ging dabei neben dem sportlichen Wettkampf vor allem um den Vergleich technischer Konzeptionen, um Reklamezwecke und nicht zuletzt um das Prestige des Einzelnen.

Die ersten Autorennen hatten kaum den Wettkampfcharakter, der — nach heutiger Vorstellung — durch komplizierte und strikte Regeln, die im Automobilsport „Formel" heißen, bestimmt wird. Ein Großteil der Autoren historischer Abhandlungen einigte sich darauf, als das erste Automobilrennen einen Wettbewerb zu bezeichnen, der 1887 von der französischen Zeitschrift „Le Vélocipède" ausgeschrieben wurde. Die offizielle, öffentliche Konkurrenz durch die Vorstadtstraßen von Paris galt für alle Fahrzeuge, die sich mit eigener Kraft, aber nicht durch Mensch oder Tier angetrieben, vorwärts bewegten. Der Wettkampf sollte auf einem Rundkurs stattfinden, und es hätte wirklich das erste Rennen der Welt werden können — aber es trat nur ein Teilnehmer an, ein De-Dion-Bouton-Dampfwagen. Obwohl das Rennen im folgenden Jahr wiederholt wurde (diesmal mit zwei Teilnehmern auf De-Dion-Bouton und Serpollet), fand es nicht den erwarteten Zuspruch, und diese Rennen gerieten für einige Zeit in Vergessenheit.

Die Entwicklung der Autorennen schlug einen anderen Weg ein. Entscheidend war das Jahr 1894, als die Zeitschrift „Le Petit Journal" — und insbesondere ihr Chefredakteur Pierre Giffard — einen Wettbewerb aller „Wagensysteme ohne Pferde" ausschrieb. Man entschied sich für die 126 km lange Strecke von Paris nach Rouen. Das Rennen war nicht als Geschwindigkeitswettbewerb geplant und versprach ein außergewöhnliches Ereignis zu werden. Aber entgegen den Vorstellungen des Herrn Giffard wurde aus dem feierlichen Reklamezug ein wirkliches Rennen. Als erster traf Graf Albert de Dion mit seinem Dampfwagen nach 6 Stunden und 48 Minuten in Rouen ein, was eine Durchschnittsgeschwindigkeit von 18,5 km/h bedeutete. Weil der de Dion-Bouton aber nicht voll der Ausschreibung entsprochen hatte, wurde der Siegerpreis von 5000 Franc jedoch den

Automobilen Peugeot und Panhard-Levassor zuerkannt, die im Unterschied zum Dampfgefährt von de Dion Zweizylindermotoren vom Daimler hatten. Die Peugeots lenkten Lemaitre und Dorien, die Panhard-Levassors wurden von den Firmeneignern René Panhard und Emile Levassor persönlich gesteuert. Den zweiten Preis erhielt de Dion, und den dritten Preis gewann Emile Roger mit einem Fahrzeug der Marke Benz, der Firma, die er auch geschäftlich in Frankreich vertrat.

Ende des gleichen Jahres wurden Pläne für ein großartiges Unternehmen vorbereitet, das die vorangegangenen Städterennen übertreffen sollte. Gewählt wurde die Strecke Paris−Bordeaux−Paris mit einer Gesamtlänge von knapp 1200 km. Am 11. Juni 1895 wurde auf dem Place d'Armes in Versailles das erste offizielle Autorennen der Welt gestartet. Unter den 22 Fahrzeugen, von denen sich die ersten sieben die Summe von 70 000 Franc teilen sollten, waren die Fahrzeuge von Peugeot und Panhard-Levassor wiederum die Favoriten. Außer Konkurrenz startete auch ein Peugeot namens „L'Eclaire", der mit einer Neuheit ausgerüstet war − mit Luftreifen von Michelin. In Paris traf Emile Levassor als erster ein. Als offizieller Sieger galt aber Koechlin auf Peugeot, da Levassors Fahrzeug nicht laut Vorschrift viersitzig, sondern nur zweisitzig war.

Städterennen waren bald außergewöhnlich populär, und es verging kein Jahr, in dem in Paris nicht ein Rennen organisiert wurde. In jener Zeit konnte bereits ein beachtliches Anwachsen der Motorleistungen und damit der Geschwindigkeiten verzeichnet werden. Am besten ist das an der Entwicklung der Fahrzeuge von Panhard-Levassor zu verfolgen, die in den Rennen bis 1899 dominierten. Erreichte das 1895er Modell eine Höchstleistung von 3 kW (4 PS) und eine Durchschnittsgeschwindigkeit von 24,2 km/h, brachte der Wagen von 1899 bereits 12 kW (16 PS) hervor. Im Rennen Paris−Bordeaux erreichte er eine Durchsnittsgeschwindigkeit von 49,4 km/h! Zu Beginn des 20. Jahrhunderts setzten sich in den Rennen die schnelleren Fahrzeuge von Mors und Renault durch. Ihre Motoren leisteten bereits rund 52 kW (70 PS) und erreichten Höchstgeschwindigkeiten von mehr als 100 km/h. Im Jahre 1899 waren in der Tageszeitung „New York Herald", dessen sogenannte Kontinentalausgabe auch in Paris erschien, die Regeln für neue Automobilrennen veröffentlicht worden. Benannt nach dem Herausgeber und Besitzer der Zeitung wurde nun der Gordon-Bennett-Cup ausgeschrieben. Das Reglement begrenzte das Mindestgewicht* der Fahrzeuge auf 400 und das Höchstgewicht auf 1000 kg. Die Streckenlänge wurde mit 550

---

* Da es sich um Daten historischer Wagen handelt, wird in diesem populär-wissenschaftlichen Buch der traditionelle Terminus Gewicht statt Masse gebraucht (Red.).

bis 650 km festgelegt. Das erste Rennen um den Gordon-Bennett-Cup fand im Jahre 1900 auf der Strecke Paris—Lyon statt. Sieger wurde Fernand Charron mit einem Panhard-Levassor.

An einem heißen Junitag des Jahres 1906 begann auf der Rundstrecke von Le Mans die Geschichte der modernen Automobilrennen: Zum erstenmal fand ein Wettbewerb um den Großen Preis statt. Daraus entstand die Bezeichnung „Grand Prix" als Bezeichnung von Rennen, die bis heute eine Vorrangstellung im Automobilsport einnehmen. Bereits beim ersten Großen Preis zeigte sich, daß für den Sieg sowohl die Fähigkeiten des Rennfahrers als auch die Technik des Rennwagens entscheidend sein würden. So war der Grand-Prix-Gewinn durch Renault nicht nur Ferenc Szisz, Chefmechaniker und bester Fahrer von Louis Renault mit ungarischer Abstammung, zu verdanken, sondern auch Neuheiten in der Konstruktion — vor allem dem geschlossenen Kühlsystem und den abnehmbaren Michelin-Radfelgen. Während die anderen Rennfahrer vor dem Reifenwechsel mühevoll die heißen Gummireste von den Felgen entfernen mußten, tauschte der gut trainierte Szisz in 3 Minuten 47 Sekunden alle vier Räder aus.

Das Rennen um den Großen Preis des Französischen Automobilclubs (Automobile Club de France — A. C. F.) im Jahre 1907 bewies, wie wichtig es war, die Renntaktik nach den Fähigkeiten des Fahrzeuges auszurichten. Die falsche Einschätzung des Kraftstoffvorrates und des -verbrauchs kostete Szisz kostbare 10 Minuten, die er zum Nachtanken brauchte. Während der siegreiche Fiat im Ziel noch ganze 11 Liter Treibstoff im Tank hatte, war im Renault dreimal mehr gemessen worden, was noch für eine Strecke von mindestens 100 km gereicht hätte. Bei den Großen Preisen des Jahres 1908 zeigte sich ganz klar, daß Leistungssteigerungen und höhere Geschwindigkeiten wegen der akuten Unfallgefahr mit besseren Radaufhängungen und sichereren Fahreigenschaften einhergehen mußten. Auf den einfacheren Rennstrecken gab es bei damals halsbrecherischen Geschwindigkeiten um 150 km/h eine Unzahl geborstener Achsen, Radbrüche und saltoschlagender Fahrzeuge.

Auch wenn die Grand-Prix-Rennen die Verkaufszahlen der Autohersteller beträchtlich steigerten, überstiegen doch die Teilnahmekosten an den Rennen die finanziellen Möglichkeiten auch vieler größerer Firmen. Dies und eine allgemeine Krise der europäischen Autoindustrie war wohl der Grund dafür, daß keine nationalen Rennen in der Zeit von 1909 bis 1911 in Europa stattfanden. Erst 1912 fanden sich wieder so viele Interessenten, daß die Rennen um den Großen Preis des A. C. F. fortgesetzt werden konnten. Seit der Niederlage beim Grand Prix von 1908 hatte Renault sich vom Renngeschehen zurückgezogen, aber es gab zwei neue Teilnehmer:

die britischen Marken Sunbeam und Vauxhall. Erwähnenswert sind dabei technische Neuigkeiten, wie abnehmbare Drahtspeichenräder mit Zentralverschluß (Rudge-Whitworth), OHC-Ventilsteuerung und Zentralzündung der Zündkerzen.

Der letzte Große Preis vor dem ersten Weltkrieg war von Anfang bis Ende besonders spannend: Können sich die als Außenseiter eingeschätzten Mercedes durchsetzen oder gewinnen traditionell die heimischen Peugeot? Zwischen den ungefähr leistungsgleichen und gleich schnellen Fahrzeugen entschied zum Schluß die Standhaftigkeit der Konstruktion. 12 km vor dem Ziel war für den favorisierten französischen Peugeot-Rennfahrer Georges Boillot der Wettbewerb infolge eines defekten Ventils zu Ende. Die nur mit Hinterradbremsen, aber bereits mit einem Vierventilmotor ausgerüsteten siegreichen Mercedes-Wagen gewannen vor allem aufgrund der ausgezeichneten Vorbereitung des Rennens durch Konstrukteure und Rennfahrer: Drei Mercedes auf den ersten drei Plätzen!

Der Erste Weltkrieg war rüstungsbedingt verbunden mit einer Intensivierung des technischen Fortschritts. Erfindungen und Konstruktionen, die in der Flugzeugindustrie entstanden, wurden später in die Automobilindustrie übertragen. Die Verwendung von Mehrzylinder-V-Motoren sowie der Einsatz von Leichtmetallen und Legierungen hat in jener Zeit begonnen. Mehrzylindermotoren ermöglichten bei gleichem Hubraum geringere Abmessungen und Gewichte der beweglichen Teile, was zu einer Steigerung der Drehzahlen und der Motorleistungen führte. In den 20er Jahren bildeten Vierzylindermotoren in Rennwagen allmählich die Ausnahme (Ballot) und die Zylinderzahl wuchs auf sechs, acht und sogar auf zwölf (Delage). Zu einem ,,Erfahrungsaustausch'' kam es durch das Eindringen amerikanischer Automobile auf den europäischen Markt: Binnen kurzem waren Batteriezündung und hydraulische Bremsen allgemein gebräuchlich.

Das Jahr 1922 brachte die Wende in der Organisation der Starts von Rennwagen. Der bis zu dieser Zeit übliche Intervallstart wurde beim Großen Preis des A. C. F. in Straßburg erstmals durch einen Massenstart ersetzt.

Die Italiener präsentierten im nächsten Jahr eine andere Neuheit. Die Konstrukteure von Fiat umgingen den durch das Reglement begrenzten Hubraum der Motoren mit einer besonderen Technik: Die Aufladung der Triebwerke durch Kompressoren. Louis Renault hatte sich bereits im Jahre 1902 den Fliehkraftlader patentieren lassen, und der Amerikaner Chadwick nutzte ihn seit 1907. Die größten Erfahrungen mit der Kompressor-Aufladung von Motoren gewann man allerdings erst bei der Entwicklung von Flugzeugmotoren während des Krieges. Der Große Preis von Monza im Jahre 1923, der zum Großen Preis von Europa erklärt wurde, blieb nun durch das siegreiche Abschneiden von Fiat im Lande.

Automobile mit aufgeladenen Motoren erreichten bei 2 Liter Hubraum Leistungen von 95 bis 130 kW (130 bis 175 PS) und eine Höchstgeschwindigkeit von rund 200 km/h. Auch wenn das Reglement aus dem Jahre 1925 bereits das Mitfahren eines Mechanikers ausschloß, so dauerte es doch noch zwei Jahre, bis die Konstrukteure mit der Arbeit am sogenannten Monoposto begannen, der nur für den Fahrer maßgeschneidert war. Schrittweise bekamen die Fahrzeuge aerodynamisch günstigere Karosserieverkleidungen, und auch die Fahrtechnik verbesserte sich. Die Ära, in der durch bewußt heftiges Herumreißen des Lenkrades die hohen schweren Wagen mit dem Hinterteil um die Kurven schleuderten, ging zu Ende.

Mit dem Beginn der 30er Jahre wurden die Autorennen weniger zu einem Duell der physischen Kräfte, des Denkens, der gefühlvollen Geschicklichkeit und des Fahrgefühls, als zu einer bis dahin nicht gekannten Herausforderung an professionell organisierte Rennteams, die großzügige Werksunterstützung genossen. Die später selbstverständlichen asphaltierten oder betonierten Rennstrecken mit ihren überhöhten Kurven waren zu dieser Zeit noch nicht die Regel.

Das Rennreglement von 1931 enthielt die Bedingung, daß Rennen mindestens zehn Stunden dauern sollten. Dies setzte das Wechseln der Fahrer am Steuer voraus, und so sind in den Siegertabellen jenes Jahres jeweils die Namen von zwei Rennfahrern zu finden. Die ersten Preise errangen meist Bugatti, Daimler-Benz, Alfa Romeo und Maserati. Im Jahre 1934 stieß eine weitere deutsche Firma zu den Siegern, die 1932 aus insgesamt vier Werken gebildete Auto-Union.

Die Rennmotoren jener Zeit erreichten die phantastische Leistung von 368 kW (500 PS). Aber Leistung ist nicht alles: Mit seiner exzellenten Fahrweise zeigte Tazio Nuvolari beim Großen Preis von Deutschland im Jahre 1935, daß man auch mit einem um 75 kW (100 PS) schwächeren Rennwagen gewinnen kann. Die Konstrukteure der Rennwagen setzten unabhängige Hinterradaufhängungen (Mercedes, Auto Union) ein, verbesserten damit die Straßenlage und machten Leistungsnachteile wett. Aber in der Auseinandersetzung um die Höchstleistung war noch nicht das letzte Wort gesprochen. Der Höhepunkt wurde 1937 erreicht, als auf den Rennstrecken ein unglaublich starker Mercedes-Achtzylinder erschien, dessen Motor 475 kW (646 PS) hervorbrachte. Dies war der stärkste Motor, der damals in einem Grand-Prix-Rennwagen eingesetzt wurde. Dem entsprachen auch die erreichten Geschwindigkeiten: Auf der Rennstrecke am Salzsee El Mellaha bei Tripolis erreichte Hermann Lang eine Durchschnittsgeschwindigkeit von 211,3 km/h. Die Höchstgeschwindigkeit dieses Grand-Prix-Wagens lag bei 330 km/h.

Dann kam das Jahr 1939 – das Jahr, in dem Deutschland den Zweiten Weltkrieg begann. Der Überfall auf Polen setzte den Schlußpunkt unter eine Zeit der Grand-Prix-Superlative. Nuvolari auf Auto Union gewann den letzten Großen Preis der 30er Jahre, der am 3. September 1939 in Belgrad ausgetragen wurde.

Der deutsche Journalist Ernst Hornickel stellte eine Tabelle der besten Rennfahrer dieser Zeit zusammen, wobei er auch die Ergebnisse weniger bedeutender Großer Preise von Städten oder Rennstrecken einbezog (zum Beispiel Rennen auf der Avus, die Eifelrennen, die Großen Preise von Mailand, Rom, Barcelona und die italienischen Cup-Rennen Coppa Acerbo, Coppa Ciano). Andere Autoren berücksichtigten bei der Auswahl und der Auswertung andere Kriterien. In einem Punkt sind sich aber alle einig: Auf den ersten vier Rängen waren immer die Namen der vier Rennfahrer Caracciola, Nuvolari, Chiron und Varzi zu finden.

Die Nachkriegszeit der Grand-Prix-Rennen begann 1947. Am Start fanden sich ausschließlich mehr oder weniger gut erhaltene Vorkriegswagen ein. Während der exzellente Alfa Romeo 158 mit einem Verbrauch von 100 l auf 100 km im Verlauf des ersten Nachkriegs-Grand-Prix zweimal nachtanken mußte, konnten hin und wieder auch einmal Maserati-Rennwagen siegen, deren Treibstoffverbrauch sehr viel geringer war. Im Hintergrund aber wartete bereits ungeduldig eine neue Automarke, die für lange Zeit der Favorit aller Großen Preise werden sollte: Ferrari.

Im Jahre 1947 wurde die Wertung der Großen Preise neu und eindeutig festgelegt. Von nun an erfolgte die Punktewertung der einzelnen Rennen und die Ausrufung der offiziellen Weltmeister durch die Internationale Automobilföderation FIA. Erstmals entstanden die Begriffe Formel 1 (Grand Prix) und Formel 2 (kleinere Rennwagen). Die Mehrzahl der Unternehmen hatte bereits neue Modelle vorbereitet. Ein Neuling war unter ihnen: Der BRM (British Racing Motors) aus Großbritannien, dessen 1,5-Liter-16-Zylindermotor so kleine Zylinder hatte, daß sie die einheimische Presse als „sechzehn Mokkatassen" bezeichnete. Doch die Siegeslorbeeren teilten sich 1951 wiederum nur Alfa Romeo und Ferrari. Nachdem sich Alfa Romeo aus den Grand-Prix-Konkurrenzen zurückgezogen hatte, blieb in der Formel 1 Ferrari im Jahre 1951 ohne Konkurrenz. Die FIA entschied deshalb, daß um den Weltmeistertitel künftig in der Formel 2 gekämpft werden sollte. Dadurch erhielten auch schwächere Autos wie der französische Gordini oder der britische Cooper Bristol eine Chance.

Echte Formel-1-Wagen gab es erst wieder mit dem Jahre 1954. Eine neue Formel trat in Kraft, die bis 1960 gelten sollte, und da lohnte es sich schon, in die Entwicklung neuer Rennwagen zu investieren. Durch Kompressoren aufgeladene Motoren — deren Hubraum nun auf nur maximal 750 cm^3 beschränkt wurde — verschwanden von den Grand-Prix-Strecken, dem gebläselosen 2,5-Liter-Wagen gehörten die Rennstrecken. Am Start tauchten altbekannte Marken auf. Daimler-Benz mit direkter Benzineinspritzung; Maserati, mit dem Fangio den Weltmeistertitel errang; Lancia, der nur für begrenzte Zeit in die Welt der Großen Preise eindrang. Stärker wurde auch der Druck durch die britischen Firmen Vanwell, BRM, Cooper und Lotus. Die Fahrzeugkonzeption war meist grundsätzlich durch die Plazierung des Motors hinter dem Fahrer vor der Hinterachse gekennzeichnet. Besondere Anstrengungen unternahmen die Konstrukteure zur Verbesserung der fahrdynamischen Eigenschaften, zur Standfestigkeit der Bremsen sowie zur Verringerung des Fahrzeuggewichtes und des Luftwiderstandes. Ende 1955 zog sich Daimler-Benz aus dem Grand-Prix-Sport zurück, Ferrari und Maserati fuhren wieder vorneweg.

1960 begann die große Zeit der britischen Wagen, mit denen nur Ferrari konkurrieren konnte. Neuartige Bauelemente und Werkstoffe kamen zum Einsatz. Beispielsweise waren in den Rennwagen dieser Zeit schon Transistorzündungen und Plastikelemente zu finden. Es flossen umgehend die neuesten Erkenntnisse aus anderen Fachgebieten, aus der Luftfahrt- und Weltraumforschung, ein. In dem Bemühen, die Formel-1-Wagen „ziviler" zu machen, senkte die oberste Sportbehörde den Maximalhubraum auf 1500 cm^3.

Für Formel-1-Rennen sind seit 1966 auch andere Antriebsaggregate als der klassische Kolbenmotor zugelassen. Aber Wankelmotoren und Verbrennungsturbinen erfordern einen vergleichsweise hohen technischen und finanziellen Aufwand. Erfolgreicher war die Entwicklung aerodynamischer Hilfsmittel, besonders der sogenannten Spoiler. Und die Elektronik hat ihren Einzug in die Formel-1-Technik gehalten.

Der Formel-Rennsport wurde immer teurer, die schwindelerregend hohen Kosten zur Weiterentwicklung der Hochleistungsrennwagen forderten ihren Tribut. Die Finanzierung von Technik und Rennteam übernahmen zunehmend Sponsoren, die nüchtern und realistisch Aufwand und Nutzen ihres Engagements abzuschätzen wissen. Daß Rennteams ihre Wagen voll in den Dienst der Reklame stellen und dabei oft Erzeugnisse propagieren, die mit Automobilen absolut nichts mehr zu tun haben, ist kennzeichnend für diese neue Etappe des Grand-Prix-Rennsports.

BERÜHMTE NAMEN

EMILE LEVASSOR (1844—1897)
Frankreich

An der Gründungsversammlung des Französischen Automobil-klubs — übrigens des weltersten derartigen Klubs — nahmen im Herbst des Jahres 1895 viele bedeutende Persönlichkeiten der Pariser Gesellschaft teil: Graf Albert de Dion, Veranstalter des ersten Automobilrennens Paris—Bordeaux—Paris; sein Freund Baron van Zuylen, ein sehr finanzkräftiger Mann; Paul Meyan, ein bekannter Pariser Journalist; Marquis de Chasseloup-Laubat, der spätere Inhaber des offiziellen Geschwindigkeitsrekordes von 63,1 km/h aus dem Jahre 1898; James Gordon-Bennett, Herausgeber der Zeitung „New York Herald" und andere. Das Festessen ging bereits dem Ende zu, als der berühmte Physiker Marcel Deprez, Mitglied der Französi-schen Akademie, einen Toast ausbrachte: „Ich trinke auf die Zeit, in der die Automobile nicht mehr nur dreißig Stundenkilometer fahren werden, sondern mit Geschwindigkeiten von fünfzig, sechzig und noch mehr Kilometern pro Stunde dahin jagen werden." Als einer der ersten Automobilkonstrukteure erwiderte Emile Levassor skeptisch: „Schade, daß sich immer jemand findet, der ein gemütliches Beisammensein durch derartigen Unsinn verdirbt."

Noch im gleichen Jahr legte Levassor — Konstrukteur, Hersteller und Rennfahrer in einer Person — beim Rennen Paris—Bordeaux—Pa-ris die fast 1200 km lange Strecke in einer Zeit von 48 Stunden und 47 Minuten zurück, was eine Durchschnittsgeschwindigkeit von über 24 km/h ergibt. Entgegen seiner Vorhersagen waren bald immer höhere Geschwindigkeiten möglich. Er selbst erreichte bereits 1896 beim Rennen Paris—Marseille—Paris eine Durchschnittsgeschwin-digkeit von 31 km/h. Und seine tatsächliche Geschwindigkeit, bei der er vor Avignon einem Hund auswich, konnte kaum geringer als 50 km/h gewesen sein. Doch dieses Manöver führte zu einem bösen Unfall: Levassor starb ein Jahr später an den Folgen einer Embolie.

CHRISTIAN LAUTENSCHLAGER (1877—1954)
Deutschland

Der Werksfahrer von Daimler und später von Mercedes-Benz, Christian Lautenschlager, war eine sehr bemerkenswerte Persönlichkeit unter den Rennfahrern. Es brachte in die Welt der Rennwagen jenes Element ein, das heute selbstverständlicher Bestandteil jedes Rennens ist: Eine geradezu wissenschaftlich durchdachte Fahrtaktik, die sich auf technische Berechnungen stützte. Seinen ersten Sieg beim Rennen um den Großen Preis von Frankreich in Dieppe im Jahre 1908 hatte er genau vorbereitet. Lautenschlager verließ sich auf detaillierte Aufzeichnungen von Beobachtungen aus dem Rennen des Vorjahres. Er hatte bis ins Detail Benzinverbrauch und Aufenthalte in der Box geplant. Vom Reifenvorrat in der Box blieb nach Ende des Rennens kein einziger Reifen mehr übrig.

Auf den Großen Preis von Frankreich 1914 in Lyon bereitete sich Lautenschlager, nunmehr Chef des Mercedes-Teams, noch gründlicher vor. Er arbeitete eine genaue Zustandsbeschreibung der Rennstrecke aus, in der außer den Kurven und ihren Neigungswinkeln auch die Fahrbahnqualität verzeichnet war. Für jeden Abschnitt berechnete er aus den Kurvenradien und den Neigungswinkeln die mögliche Höchstgeschwindigkeit, legte genau den Bremsbeginn vor den Kurveneinfahrten und die Punkte fest, an denen wieder beschleunigt werden konnte. Diese Angaben kontrollierte er dann im Training. Obwohl die Konkurrenzfirmen Delage und Peugeot bei diesem Rennen erstmals Wagen mit Vierradbremsung einsetzten, war der Zieleinlauf eindeutig: Die ersten drei Plätze gehörten Mercedes, und im ersten Mercedes-Wagen saß Lautenschlager.

DARIO RESTA (1884—1924)
Italien

Der in England lebende Italiener Dario Resta erreichte im Laufe seiner verhältnismäßig kurzen Karriere Erfolge, die nur wenige Rennfahrer aufweisen können. Als erstem Europäer gelang es ihm, sich auch auf den Rennstrecken der USA durchzusetzen. Er war der einzige ausländische Rennfahrer, der den Titel Meister der USA im Automobilrennen errang. Außerdem gewann er auf Peugeot — dem Auto, das ihm wohl die meisten Siege brachte — im Jahre 1915 den Großen Preis der USA und den Vanderbilt-Cup. Im Jahre 1916 kam der Sieg bei den 500 Meilen von Indianopolis dazu. Im September 1924 verunglückte Resta tödlich bei einem Geschwindigkeitsrekordversuch in Brooklands mit einem Sunbeam-Wagen.

FELICE NAZZARO (1881—1940)
Italien

Einer der absolut besten Werkspiloten von Fiat, Felice Nazzaro, stand in dem Ruf eines technisch versierten Fahrers mit Sinn für Taktik, der gleichzeitig die Grenze zum unkalkulierbaren Risiko nie überschritt. Die größten Erfolge seiner langen Laufbahn, die von 1900 bis 1927 dauerte, feierte er im Jahre 1907, als er die drei bedeutendsten Rennen der Saison gewann — die Targa Florio, den Kaiserpreis und den Großen Preis von Frankreich in Dieppe. In den Jahren 1912 bis 1914 stellte er sogar eigene Rennwagen her, die alles andere als unbedeutend waren: Der Jahrgang 1913 der Targa Florio stand ganz im Zeichen von Felice Nazzaro auf einem Wagen eigenen Fabrikats. Auch nach dem Ersten Weltkrieg bewies Nazzaro, daß er seine Kunst noch immer erstklassig beherrschte. Beim Großen Preis von Frankreich ließ er jüngere und sogar erfahrenere Konkurrenten hinter sich. In den Jahren 1925 bis 1940 war er Leiter der Fiat-Sportabteilung.

JULES GOUX (1885—1965)
Frankreich

Der Ingenieur am Steuer, Jules Goux, war Absolvent der Pariser Hochschule Ecole des Arts et Métiers. Nach der Beendigung des Studiums nahm er seine Arbeit als Testfahrer bei Peugeot auf, der er bis zum Ersten Weltkrieg treu blieb. Er war der erste Europäer, der die schweren 500 Meilen von Indianapolis im Jahre 1913 gewann. Als sich Peugeot vom Rennsport zurückzog, wechselte er auf einen Wagen von Ballot, den er 1921 beim Großen Preis von Italien auch siegreich ins Ziel brachte. Ein neuer Abschnitt begann für Goux aber erst am Steuer der Bugattis. 1926 errang er die Großen Preise von Frankreich und von Spanien. Noch als 70jähriger war er Berater bei Bugatti.

HENRY O'NEAL DE HANE SEGRAVE (1896—1930)
Großbritannien

Sir Henry Segrave gehörte zu jenen vielseitigen Automobilrennfahrern, die sich nicht nur in Rennen um den Großen Preis durchsetzten, sondern die auch bei der Aufstellung neuer Rekorde ganz vorn dabei waren. Mit einem 1000-PS-Sunbeam überschritt er als erster die Grenzen von 200 Meilen/h und 300 km/h. In den Jahren 1927 und 1929 war er Inhaber des absoluten Geschwindigkeitsweltrekordes.

Der Amerikaner irischer Herkunft war nach dem Ersten Weltkrieg nach Großbritannien übergesiedelt, wo er für die Firma Sunbeam-Talbot-Darracq Rennen fuhr. Nunmehr britischer Staatsbürger, war er der erste Brite, der auf einem britischen Automobil im Jahre 1923 den Großen Preis von Frankreich gewann. Ein Jahr später brachte Segrave eine neue Errungenschaft in den Autorennsport, die heute selbstverständlich ist: Es handelte sich um den Sturzhelm. Ende der 20er Jahre widmete sich Segrave Geschwindigkeitsrekorden bei Eis- und Motorbootrennen. Dabei verunglückte er 1930 tödlich.

JAMES „JIMMY" MURPHY (1895—1925)
USA

Nur fünf Jahre dauerte die Karriere dieses Rennfahrers. Eingegangen in die Geschichte des Autorennsports ist er vor allem wegen seines Sieges im ersten Nachkriegsrennen um den Großen Preis des A. C. F. im Jahre 1921. Murphy, auf einem amerikanischen Duesenberg, gewann hier als erster Amerikaner einen europäischen Großen Preis. Es dauerte immerhin 39 Jahre, bis mit Phil Hill abermals einem Amerikaner dieses Kunststück gelang: Er gewann den Großen Preis von Italien. Murphys große Saison war 1922, als er die Rennen Fresno 150, Northbay 100, Indianapolis und Beverley Hills 250 gewann. In diesem Jahr wurde er auch Meister der USA. Drei Jahre später verunglückte Murphy tödlich bei einem Rennen.

LOUIS CHIRON (1899—1979)
Frankreich

Der Europameister des Jahres 1931 wurde auch „Alter schlauer Fuchs" genannt, und das nicht zu Unrecht. Er hat dies seiner reifen, technischen Fahrweise zu verdanken, die sich durch Zuverlässigkeit und präzise Technik auszeichnete. Der Monegasse, einst Privatchauffeur von Marschall Foch, war zwischen 1926 und 1949 Sieger von über 20 Großen Preisen, Vorsitzender des Automobilklubs von Monaco, Kommissionsmitglied der FIA, Direktor der Rennen um den Großen Preis von Monaco und der Rallye Monte Carlo. Die meisten Siege errang er auf Bugatti-Wagen, die er meisterhaft beherrschte. Er siegte auch auf anderen Autos wie Alfa Romeo, Mercedes, Talbot, Maserati und Lancia. Sein Name wurde zur Legende, wie die unter Rennsportlern in aller Welt gängige Redewendung: „Er fährt wie Chiron" zeigt.

TAZIO GIORGIO NUVOLARI (1892—1953)
Italien

Seine unglaublich rasant gefahrenen Rennen und sein Geburtsort Mantova (Mantua) gaben dem genialen Meister des Lenkrades den Spitznamen „Fliegender Teufel von Mantua". Charakteristisch für seine verwegene, leidenschaftliche Fahrtechnik waren die ausgestreckten Arme am Lenkrad. Ein Stil, den alle anderen Rennfahrer übernahmen und bis heute beibehalten haben. Er ist auch der Erfinder jener Kurvenfahrttechnik, die die Engländer „Powerslide" nennen — des kontrollierten Schleuderns aller vier Räder. Seine 30 Jahre während Rennkarriere war eng mit den Autos von Alfa Romeo verbunden, aus denen er alles Menschenmögliche herausholte. Den größten seiner insgesamt 64 Siege errang er beim Großen Preis von Deutschland im Jahre 1935. Er siegte in einem vier Jahre alten Alfa, dessen Motorleistung von den Konkurrenten Mercedes und der Auto Union, besetzt mit Weltklassefahrern wie Caracciola, Brauchitsch, Stuck und Rosemeyer, um das Doppelte übertroffen wurde. Außer Alfa Romeo fuhr er auch Wagen von Bugatti, Maserati, MG und der Auto Union siegreich ins Ziel. Im Alter von 61 Jahren starb er nach schwerer Krankheit an einer Auspuffgas-Allergie, ein Jahr nach seinem letzten Rennen.

ACHILLE VARZI (1904—1948)
Italien

Das ganze Gegenteil von Nuvolari war ein anderer italienischer Rennfahrer — Achille Varzi. Aus einer vermögenden Familie stammend, erweckte er mit seinem perfekten Äußeren und der unbeweglichen Miene eines Pokerspielers eher den Eindruck eines Playboys denn eines Rennfahrers. Immer mit der charakteristischen Zigarette im Mundwinkel, verlor er selbst in den kritischsten Momenten nie seine kühle Selbstbeherrschung. Beim Training für den Großen Preis von Tunis 1936 brach ihm bei 200 km/h die Radaufhängung, und das Fahrzeug flog von der Strecke. Der unverletzt gebliebene Varzi verließ in aller Ruhe das Wrack und ging zu den Boxen zurück.

Mehr als 20 Siege erreichte er auf verschiedenen Wagen, vor allem von Alfa Romeo, Maserati, Bugatti und der Auto Union. Nach dem Zweiten Weltkrieg gründete er in Argentinien den Rennstall „Scuderia Achille Varzi". Dieses Land sollte seine künftige Wahlheimat werden. Doch das Schicksal entschied anders: Beim Training für den Großen Preis der Schweiz in Bern im Jahre 1948 geriet er auf der rutschigen Strecke ins Schleudern und starb unter dem sich überschlagenden Auto.

RUDOLF CARACCIOLA (1901—1959)
Deutschland

Viele halten Caracciola — zusammen mit Nuvolari und Chiron — für einen der besten Rennfahrer der Zeit zwischen den beiden Weltkriegen. Der Deutsche mit dem italienischen Familiennamen erhielt für seine souveräne Fahrweise auf regennassen Strecken den Ehrennamen „Regenmeister". Zuvor war er auf Motorrädern und bei Bergrennen ebenfalls sehr erfolgreich. Dreimal hintereinander (1930, 1931 und 1932) wurde er europäischer Bergmeister. Es gab ohnehin wenige Rennfahrer, die in der Lage waren, mit einem mächtigen 7-Liter-Mercedes SSK Rennen zu fahren. Aber nur einer, Caracciola, beherrschte dieses Fahrzeug bis zur Vollendung.

Der Höhepunkt der Rennfahrerkarriere von Caracciola begann nach 1934, als er nach einem kurzen Intermezzo bei Alfa Romeo zu Daimler-Benz zurückkehrte. Die Jahre 1934, 1937 und 1938 brachte ihm den Automobil-Europameistertitel. Von seiner sprichwörtlichen Ruhe kündet eine Begebenheit bei einem Rennwagen-Start, als ihn seine Frau angesichts der anderen bereits abfahrbereiten Fahrer fragte: „Solltest du nicht auch lieber schon einsteigen?" Caracciola antwortete lächelnd: „Es ist Zeit genug. Ohne mich können sie sowieso nicht starten, weil ich in der ersten Reihe stehe."

Er zeichnete sich durch seine großartige Einfühlsamkeit in sein Auto und vor allem in dessen Motor aus, den er nie überlastete. Durch seine vorausschauende Fahrweise konnte er viele Kollisionen verhindern. Wahrscheinlich hatte er deshalb auch nur zwei ernstere Unfälle. Er starb 1959 in Lugano an einer langwierigen Leberkrankheit.

HANS STUCK (1900—1977)
Österreich

Der mit dem Ehrennamen „Bergmeister" versehene, auf derartigen Strecken unübertreffbare Hans Stuck wurde 1934 auch Europameister auf den Grand-Prix-Rennstrecken. In seiner Rennfahrerkarriere, die respektable 40 Jahre dauerte, bedeuteten ihm Autos und Rennen alles. Als frischgebackener Absolvent der Technischen Hochschule in Karlsruhe, begann er mit Verbesserungen an Dürkopp-Autos, später stieg er auf Austro-Daimler und Mercedes SSKL um.

Im Jahre 1930 wurde Stuck europäischer Bergmeister. Sein Name wird meist mit den Automobilen von Auto Union in Verbindung gebracht, die ihm den Titel des Europameisters brachten — für ihn den Höhepunkt seiner Rennfahrerlaufbahn. Den letzten Grand-Prix-Sieg errang er 1939 in Bukarest.

Nach dem Zweiten Weltkrieg versuchte er nochmals sein Glück bei Bergrennen auf Cisitalia und AFM, und noch in den 60er Jahren nahm er mit einem BMW 700 an Rennen teil. Den Automobilrennsport hat wohl auch sein Sohn im Blut, der sich sehr schnell einen Platz unter der Elite erkämpfte und auch in der Formel 1 mitfuhr.

BERND ROSEMEYER (1909—1938)
Deutschland

Die offizielle Rennfahrerlaufbahn Rosemeyers begann 1931 mit Siegen bei Sandbahnrennen auf einem DKW-Motorrad. Aber die wirklichen Anfänge lagen bereits im Jahre 1925, als der 16jährige mit seinem frischerworbenen Führerschein den ehrenwerten Bürgern der Stadt Lingen Angst und Schrecken einjagte. Gegen Ende des Jahres 1934 entschied die Konzernleitung von Auto Union, zu welcher auch DKW gehörte, Rosemeyer im Grand-Prix-Wagen starten zu lassen. In einer respekterheischenden Blitzkarriere gewann Rosemeyer den Großen Preis in der Tschechoslowakei, und im folgenden Jahr wurde er Grand-Prix-Europameister.

1937 stellte er auf der Autobahn Frankfurt—Darmstadt einen neuen Geschwindigkeitsrekord auf. Als im Januar 1938 Caracciola diesen Rekord auf Mercedes verbesserte, war Rosemeyer wieder an der Reihe. Trotz ungünstiger Witterungsbedingungen stieg er in seinen geschlossenen silbernen ,,Sarg'' und beschleunigte auf über 400 km/h. Eine starke seitliche Windbö fegte das Auto von der Straße und ließ es bei Langen-Mörfelden auf eine Autobahnbrücke prallen. Für Rosemeyer kam jede Hilfe zu spät.

GIUSEPPE ,,NINO'' FARINA (1906—1966)
Italien

Der erste Weltmeister in den Grand-Prix-Automobilrennen wurde der Doktor der Rechtswissenschaften Giuseppe Farina. Es heißt, daß er schon als Zehnjähriger sein erstes Auto bekam — einen Zweizylinder der Marke Temperino. Sein Onkel war der berühmte Karosseriebauer Pinin Farina. Giuseppe widmete sich mit viel Liebe der Arbeit in dessen Fabrik. Auffallend war besonders seine Ähnlichkeit mit dem italienischen Kronprinzen Umberto, die oft der Anlaß zu erheiternden Zwischenfällen war. Einmal, als der junge Farina an einer feierlichen Versammlung des italienischen Automobilklubs teilgenommen hatte, veröffentlichten die Zeitungen einen Artikel mit seiner Fotografie und behaupteten, daß auch der Kronprinz bei der Versammlung anwesend war. Ein anderes Mal erklärten sie den Prinzen zum Sieger eines Rennens, was Umberto am meisten überraschte, der nie ein besonders guter Autofahrer war.

In den 30er Jahren fuhr Farina auf Maserati und Alfa Romeo. Sein Lehrmeister war kein geringerer als Maestro Nuvolari. Die größten Erfolge errang er erst nach dem Zweiten Weltkrieg. Im Jahre 1950 bestand das Alfa-Romeo-Team aus den drei großen „F": Farina, Fangio und Fagioli. Und dies war auch die Reihenfolge bei den Plätzen zur Weltmeisterschaft, die in jenem Jahr erstmals offiziell ausgeschrieben wurde. Nach dem Ausscheiden von Alfa Romeo aus der Grand-Prix-Szene kam Farina zu Ferrari, wo er mehrmals Hoffnung auf den Weltmeistertitel hatte. Aber immer wieder warf ihn ein Ausfall im Kampf um einen Platz auf dem Siegerpodest zurück. Mehrmals mußte er aus dem brennenden Wagen springen, mehrmals wurde er aus dem Fahrzeug in die Luft katapultiert. Noch 1955, also mit 49 Jahren, startete er — unter der Wirkung von Morphiumspritzen gegen die Schmerzen, an denen er durch komplizierte Knochenbrüche litt — und errang den zweiten Platz im Großen Preis von Argentinien. Farinas Leidenschaft für das schnelle Fahren, die ihn auch im zivilen Straßenverkehr nie verließ, besiegelte später sein Schicksal. Er verunglückte bei einem Verkehrsunfall in der Nähe von Chambéri in Frankreich tödlich.

ALBERTO ASCARI (1918—1955)
Italien

In der Geschichte der Rennfahrer gibt es einige Beispiele dafür, daß die Söhne in die Fußstapfen der Väter traten. Aber nur selten gelang dies so vollkommen wie in der Familie Ascari. Alberto Ascari erneuerte den Ruhm seines Vaters Antonio, des Siegers der Großen Preise von Frankreich und Italien im Jahre 1924, und wurde zweimal hintereinander Weltmeister (1952 und 1953). Antonio hatte eigentlich gehofft, daß sein Sohn die Laufbahn eines Automobilingenieurs einschlagen würde. Doch er kam im Jahre 1925 beim Großen Preis von Frankreich ums Leben. Und Albertos Entwicklung verlief in anderen Bahnen, als vom Vater geplant. So wie fast alle jungen Rennfahrer begann er auf Motorrädern.

Sein Einstieg in die Grand-Prix-Szene im Jahre 1947 stand im Zeichen von Maseratis Dreizack. Und von 1949 bis 1954 fuhr er für Ferrari. Unvergessen bleiben seine siegreichen Start-Ziel-Rennen, 1952 war er nur zweimal, 1953 nur dreimal unterlegen. Seine Vielseitigkeit wurde auch 1954 deutlich, als er auf Lancia die Mille Miglia gewann. Als richtiger Italiener war Alberto natürlich abergläubisch: Nie trat er an einem 26. des Monats zu einem Rennen an, dem Tag, an dem sein Vater umkam. Aber am 26. Mai 1955 tauchte er, noch gezeichnet von einem schweren Unfall beim Großen Preis von Monaco, in Monza auf, wo sein Schüler Eugenio Castellotti einen neuen Ferrari testete. Gegen Mittag lieh er sich — nur für ein paar Runden — von Castellotti das Auto. Während der dritten Runde war plötzlich eine Explosion zu hören: Unter dem sich mehrfach überschlagenden Fahrzeug wurde dieser große italienische Rennfahrer begraben. Dies geschah genau 30 Jahre nach dem tödlichen Unfall von Antonio Ascari.

JUAN MANUEL FANGIO (geboren 1911)
Argentinien

Schwer zu sagen, wer wirklich der beste Autorennfahrer aller Zeiten ist. Sehr viel hängt ja auch vom Fahrzeug ab, das der Rennfahrer zur Verfügung hat. Aber nach welchen Kriterien auch immer eine solche Liste der Topfahrer aufgestellt wird, Fangio würde sich immer unter den ersten drei befinden. In der für ihn erfolgreichsten Zeit der 50er Jahre, als er fünf Weltmeistertitel gewann, davon vier hintereinander (1951, 1954 bis 1957), war er unüberwindlich. Mit Automobilrennen hatte er verhältnismäßig spät begonnen, im Alter von 25 Jahren. Bis dahin widmete er sich, so wie ein Großteil der argentinischen Jugend, dem Fußball.

Anfangs konnte er sich keinen teuren Rennwagen leisten, und deshalb finanzierten seine Anhänger das Auto für sein erstes Rennen um den Großen Preis von Buenos Aires im Jahre 1939. Später wurde ein Vertreter von General Motors auf ihn aufmerksam, und so fuhr Fangio bis 1948 für Chevrolet. Mit dem Leitspruch „Siegen und dabei am Leben bleiben" kam er 1948 zum ersten Mal nach Europa. Für den Großen Preis von Frankreich schenkte ihm der argentinische Präsident Péron einen Simca-Gordini. Ein Jahr später startete er zusammen mit Campos für „Scuderia Argentina Varzi" auf Maserati.

1949 gewann er sechs der bedeutendsten Grand-Prix-Rennen und wurde so zur Nummer Eins. Kein Wunder, daß ihn für die nächste Saison der zu dieser Zeit stärkste Rennstall, Alfa Romeo, verpflichtete. Wieder folgten sieben Grand-Prix-Siege und damit der erste Weltmeistertitel. Er siegte nicht nur dann, wenn er ein stärkeres Auto fuhr als seine Konkurrenten — wie in den Jahren 1954 und 1955 —, Fangio bewies seine Qualitäten auch in der gleichstarken Konkurrenz von Ferrari- oder Maserati-Wagen. Seine fünf Weltmeistertitel erkämpfte er für vier verschiedene Marken, deren Autos völlig unterschiedlich zu handhaben waren.

Es ist sehr schwer, auf dem Gipfel der Erfolge abzutreten. Fangio aber konnte auch dies. Im Jahre 1958, nach dem Großen Preis von Frankreich, bei welchem er vor zehn Jahren in Europa begann, nahm er Abschied. Er war 47 Jahre alt und Sieger bei 25 Rennen um den Großen Preis.

STIRLING CRAWFORD MOSS (geboren 1929)
Großbritannien

Es gibt Männer, die niemals Grand-Prix-Europa- oder Weltmeister waren, und die dennoch zu den besten Rennfahrern aller Zeiten zählen. Ein typisches Beispiel dafür ist der Engländer Stirling Moss. Er gilt bis heute als größte Persönlichkeit des englichen Autorennsports. In seiner furchtlosen Fahrweise war er Nuvolari sehr ähnlich, und wegen seines Leitspruches „Siegen oder fallen" galt er als ebenso kämpferisch. Er hatte nur das Pech, häufig auf Rennwagen zu starten, die schwächer als die der Konkurrenz waren und aus denen er dennoch hartnäckig das Bestmögliche herausholen wollte. Für seinen Fahrstil war ihm Juan Fangio Vorbild, mit dem er im Jahre 1955 bei Mercedes-Benz ein hervorragendes Team gebildet hatte. Moss fuhr mit Vorliebe im „Powerslide" um die Kurven und erreichte in dieser Fahrtechnik eine unglaubliche Vollkommenheit. Während seiner Rennfahrerkarriere startete er für viele Marken, von Jaguar über Maserati, Mercedes und Vanwall bis zu Cooper und Lotus-Climax.

Zu seinen größten Siegen gehört der erste Platz im Großen Preis von Deutschland 1961 in der Bundesrepublik Deutschland. Daß er mit 21 Sekunden Vorsprung vor dem gesamten Team von Ferrari auf einem bedeutend schwächeren Lotus gewann, ist mit der Leistung von Nuvolari bei seinem Sieg im Jahre 1935 zu vergleichen. Nach einem Unfall am Ostermontag 1962 in Goodwood gingen ihm auf die Dauer viele seiner Rennfahrerfähigkeiten, vor allem die Reaktionsschnelligkeit, verloren, und Stirling Moss gab seine Rennfahrerkarriere auf.

JOHN ARTHUR „JACK" BRABHAM (geboren 1926)
Australien

Der erste Australier, der den Formel-1-Weltmeistertitel errang, war Jack Brabham. Im Verlaufe seiner 23jährigen Sportlerlaufbahn siegte er in 14 gewerteten Grand-Prix-Rennen. 1959, 1960 und 1966 wurde er Weltmeister. Der Titelgewinn von 1966 war umso wertvoller, da er das erstemal in der Geschichte des Rennsports auf einem Auto eigener Konstruktion errungen wurde. Für seine Verdienste erhielt Jack Brabham den Orden des Britischen Imperiums (OBE).

Er stammt aus Sydney und wurde mit 27 Jahren australischer Bergmeister. 1955 siedelte er nach Großbritannien über, wo er auf Cooper startete. Auf diesen Autos errang er — mit sieben Grand-Prix-Siegen — die Meistertitel des Jahres 1959 und 1960. 1961 gründete er die Rennwagenfirma Motor Racing Developments (Ltd.). Dort wurden innerhalb von 20 Jahren mehr als 1000 Rennwagen hergestellt, die meisten für die Formeln 2 oder 3.

Als man ihn bei den Grand-Prix-Rennen abzuschreiben begann, gewann er völlig souverän auf seinem eigenen Modell Brabham BT 20 den dritten Weltmeistertitel und gleichzeitig den Titel des erfolgreichsten Herstellers. Dies ist bisher ein einmaliger Erfolg geblieben. Hinter seinen Ideen stand der unauffällige, aber hervorragende australische Techniker Ron Tauranac.

Brabham ist auch ein exzellenter Flugzeugpilot. Es wird erzählt, daß er sich deshalb ein eigenes Flugzeug gekauft habe, weil ihm die Flugpläne der Fluggesellschaften nicht recht waren. In Wirklichkeit war es aber so, daß er ständig reisen mußte und nur sehr ungern im Straßenverkehr fuhr. Die Grand-Prix-Karriere beendete er 1970. Seine Gesellschaft verkaufte er an den heutigen Formel-1-Imperator Bernie Eccleston.

PHIL HILL (geboren 1926)
USA

Es gibt nur wenige Formel-1-Rennfahrer, die niemals einen sensationellen Unfall hatten. In der Tabelle der Weltmeister ist ein Name zu finden, der nur schwerlich Anlaß zu erregten Diskussionen liefern würde. Trotzdem, Phil Hill war es, der 1960 in Italien erstmals wieder einen Grand-Prix-Sieg für die USA gewann und so in Erinnerung brachte, daß dies letztmalig seinem Landsmann Jimmy Murphy beim Großen Preis des A. C. F. im Jahre 1921 gelungen war. Gleich darauf errang er — als erster Amerikaner — im Jahre 1961 den Weltmeistertitel. Dazu reichten ihm ein guter Ferrari und zwei Siege beim Großen Preis von Belgien und Italien.

Hill gehörte nicht zu jenen wilden Rennfahrern und Kämpfern, für die Automobilrennen den Lebensinhalt darstellen. Als Junge ein stiller Einzelgänger, er liebte Bücher und vor allem Musik. In Gesprächen mit Journalisten behauptete er, daß er kein Interesse an Villen, Jachten oder am Unternehmertum habe. Seine Lebensweise bestätigt dies: Schwimmen, Spaziergänge, der Besuch historisch interessanter Plätze überall auf der Welt bilden seine Freizeitbeschäftigung. Als sein teuerstes Hobby bezeichnet er das Reisen.

1963 stieg er von Ferrari auf die italienischen ATS um (nicht zu verwechseln mit der bundesdeutschen Firma) und dies nicht gerade glücklich. Im folgenden Jahr startete er für das Cooper-Team, konnte aber nur einen Meisterschaftspunkt erringen. Damit endete seine Rennfahrerlaufbahn im Grand-Prix-Sport. Phil Hill blieb aber einer der besten Rennfahrer in einer anderen Disziplin — in den Langstreckenrennen der Sportwagen.

JAMES „JIM" CLARK (1936—1968)
Großbritannien

Manche Rennfahrer scheinen wohl schon mit dem Lenkrad in der Hand zur Welt zu kommen. Ihre Fahrweise wirkt leicht, sicher, und man wird sich kaum bewußt, daß es sich dabei um eine sportliche Höchstleistung handelt. Jim Clark, ein Rennfahrer, den viele Journalisten und Kollegen für den besten der Welt halten, war einer davon. Auffällig war bei ihm seine Markentreue: Während seiner gesamten Rennfahrerlaufbahn startete er für die britische Firma Lotus. Auf Lotus errang er alle Erfolge auf den Grand-Prix-Strecken.

Den Höhepunkt seiner Karriere erreichte er in den Jahren 1963 bis 1965, als er insgesamt 16 Grand-Prix-Rennen gewann. Mit seinem Titelgewinn 1963 wurde er der jüngste Weltmeister aller Zeiten: Er war erst 27 Jahre alt! 1965 wurde er wiederum Weltmeister. Mit insgesamt 25 Siegen bei Grand-Prix-Rennen übertraf er sogar Fangio. Die erfolgreiche Saison 1965 krönte er mit einem Erfolg bei einem Rennen, das 50 Jahre lang von den Amerikanern beherrscht wurde — den 500 Meilen von Indianapolis. Er wurde so nach Dario Resta (Peugeot 1916) wieder der erste Europäer, der dieses schwere Rennen gewann.

Jim Clark, Sohn eines schottischen Farmers, hatte zwei Hobbys — Autorennen und die Farm seines Vaters Edington Mains in der schottischen Grafschaft Berwickshire, wo er sich nach der Beendigung seiner Rennfahrerlaufbahn niederlassen wollte. Der tragische Unfall während des Formel-2-Rennens in Hockenheim am 4. April 1968 vernichtete alle diese Hoffnungen: Einer der größten Autorennfahrer verließ die Strecke für immer.

SIEGER DER GRAND-PRIX-RENNEN

Eine übersichtliche Zusammenstellung der Ergebnisse aus der Geschichte der Großen Preise ist nicht leicht, weil die verschiedenen Quellen sehr unterschiedliche Angaben aufweisen. Erschwert wird diese Aufgabe auch dadurch, daß die Bedingungen für den offiziellen Wettbewerb um den Weltmeistertitel, nach den vorangegangenen Unterschieden in der Bewertung und in den Kriterien für die Teilnahme an den Rennen, von der Internationalen Automobilföderation (FIA) erst nach dem Zweiten Weltkrieg beschlossen wurden.

Bis zu jener Zeit waren die Bemühungen um die Bestimmung des besten Rennfahrers nur wenig objektiv. Wer sollte zum Beispiel in den Jahren 1921 bis 1924 zum Besten erklärt werden, wenn nur zwei oder drei Große Preise ausgetragen wurden? Wie sind erfolgreiche Fahrer einzuordnen, die innerhalb einer Saison für verschiedene Marken fuhren?

Die folgende Übersicht ist vom Zweck und vom begrenzten Umfang des Buches beeinflußt. Sie erhebt keinen Anspruch auf absolute Gültigkeit. Für die Zeit von 1906, als der erste offizielle Grand Prix ausgeschrieben wurde, bis zum Jahre 1923 sind die Sieger des Großen Preises des Französischen Autoklubs (A. C. F.), des Großen Preises der USA und Italiens aufgeführt. Von 1923 bis 1965, als das bedeutendste Rennen der Saison als Großer Preis von Europa bezeichnet wurde, sind die jeweiligen Sieger aufgeführt. Für die Jahre 1931 bis 1939 wurden dabei die Europameisterschaften für Rennfahrer gesondert ausgeschrieben.

Von 1950 an ist alles klar und übersichtlich. In den als Große Preise angesetzten Rennen wird die Reihenfolge der ersten fünf Fahrer mit Punkten bewertet. Weltmeister wird der Rennfahrer, der die meisten Punkte sammelt. Bis 1959 bekamen die Rennfahrer für die ersten fünf Plätze acht, sechs, vier, drei und zwei Punkte. 1960 wurde auch der sechste Platz mit einem Punkt bewertet. Seit 1961 gibt es für den ersten Platz 9 Punkte.

SIEGER DER BEDEUTENDSTEN GRAND-PRIX-RENNEN IN DEN JAHREN 1906–1965

Jahr	Rennen	Strecke	Sieger	Nation	Marke	Durchschn. Geschwindigk. (km/h)
1906	GP ACF	Le Mans	Ferenc Szisz	F	Renault	101,4
1907	GP ACF	Dieppe	Felice Nazzaro	I	Fiat	113,5
1908	GP ACF	Dieppe	Christian Lautenschlager	D	Mercedes	111,0
1911	GP ACF	Le Mans	Victor Hémery	F	Fiat	91,3
1912	GP ACF	Dieppe	Georges Boillot	F	Peugeot	110,2
1913	GP ACF	Amiens	Georges Boillot	F	Peugeot	115,3
1914	GP ACF	Lyon	Christian Lautenschlager	D	Mercedes	105,2
1914	GP USA	Santa Monica	Pullen	USA	Mercer	124,2
1915	GP USA	San Francisco	Dario Resta	I	Peugeot	92,5
1916	GP USA	Santa Monica	Howard Wilcox	USA	Peugeot	137,7
1921	GP ACF	Le Mans	Jimmy Murphy	USA	Duesenberg	125,7
1921	GP Italien	Brescia	Jules Goux	F	Ballot	145,5
1922	GP ACF	Straßburg	Felice Nazzaro	I	Fiat	127,5
1922	GP Italien	Monza	Pietro Bordino	I	Fiat	139,8
1923	GP ACF	Tours	Henry Segrave	GB	Sunbeam	121,2

SIEGER DES GRAND PRIX VON EUROPA

Jahr	Strecke	Sieger	Nation	Marke	Durchschn. Geschwindigk. (km/h)
1923	Monza	Carlo Salamano	I	Fiat	146,5
1924	Lyon	Giuseppe Campari	I	Alfa Romeo	114,3
1925	Spa	Antonio Ascari	I	Alfa Romeo	120,0
1926	San Sebastian	Jules Goux	F	Bugatti	122,9
1927	Monza	Robert Benoist	F	Delage	144,9
1928	Monza	Louis Chiron	F	Bugatti	159,5
1930	Spa	Louis Chiron	F	Bugatti	115,4
1948	Bern	Felice Trossi	I	Alfa Romeo	146,1
1949	Monza	Alberto Ascari	I	Ferrari	169,1
1950	Silverstone	Giuseppe Farina	I	Alfa Romeo	146,4
1951	Reims	Juan Fangio	RA	Alfa Romeo	178,6
		Luigi Fagioli	I		
1952	Spa	Alberto Ascari	I	Ferrari	166,0
1954	Nürburgring	Juan Fangio	RA	Mercedes-Benz	133,5
1955	Monaco	Maurice Trintignant	F	Ferrari	105,9
1956	Monza	Stirling Moss	GB	Maserati	208,8
1957	Aintree	Anthony Brooks	GB	Vanwall	139,7
		Stirling Moss	GB		
1958	Spa	Anthony Brooks	GB	Vanwall	209,1
1959	Reims	Anthony Brooks	GB	Ferrari	205,0
1960	Monza	Phil Hill	USA	Ferrari	212,5

1961	Nürburgring	Stirling Moss	GB	Lotus Climax	148,6
1962	Zandvoort	Graham Hill	GB	BRM	153,6
1963	Monaco	Graham Hill	GB	BRM	116,5
1964	Brands Hatch	Jim Clark	GB	Lotus Climax	151,4
1965	Spa	Jim Clark	GB	Lotus Climax	188,5

EUROPAMEISTER IM GRAND-PRIX-RENNSPORT

Jahr	Sieger	Nation	Marke
1931	Louis Chiron	F	Bugatti
1932	Tazio Nuvolari	I	Alfa Romeo
1933	Tazio Nuvolari	I	Alfa Romeo
			Maserati
1934	Hans Stuck	A	Auto Union
1935	Rudolf Caracciola	D	Mercedes
1936	Bernd Rosemeyer	D	Auto Union
1937	Rudolf Caracciola	D	Mercedes
1938	Rudolf Caracciola	D	Mercedes
1939	Hermann Lang	D	Mercedes

WELTMEISTER DER FORMEL-1-RENNEN

Jahr	Weltmeister	Nation	Marke	Punkte
1950	Giuseppe Farina	I	Alfa Romeo	30
1951	Juan Manuel Fangio	RA	Alfa Romeo	31
1952	Alberto Ascari	I	Ferrari	36
1953	Alberto Ascari	I	Ferrari	34
1954	Juan Manuel Fangio	RA	Maserati, Mercedes-Benz	42
1955	Juan Manuel Fangio	RA	Mercedes-Benz	40
1956	Juan Manuel Fangio	RA	Lancia/Ferrari	30
1957	Juan Manuel Fangio	RA	Maserati	40
1958	Michael Hawthorn	GB	Ferrari	42
1959	Jack Brabham	AUS	Cooper Climax	31
1960	Jack Brabham	AUS	Cooper Climax	43
1961	Phil Hill	USA	Ferrari	34
1962	Graham Hill	GB	BRM	42
1963	Jim Clark	GB	Lotus Climax	54
1964	John Surtees	GB	Ferrari	40
1965	Jim Clark	GB	Lotus Climax	54

ZUR ENTWICKLUNG
DER RENNWAGENFORMELN

Die Vorschriften, mit denen Autos in einzelne Kategorien und Klassen je nach Antriebsart, Sitzanzahl, Gewicht, Motorhubraum und ähnlichem eingeteilt wurden, entstanden gleichzeitig mit der Ausschreibung der ersten Autorennen. Gleichzeitig fand sich immer eine Möglichkeit, die Vorschriften bewußt oder unbewußt zu umgehen. Dies beeinflußte auch die Entwicklung der Vorschriften im Autorennsport, die später als Rennformeln bezeichnet wurden.

Bereits vor dem ersten Rennen, das eigentlich nur eine Reklameaktion sein sollte, wurden die Fahrzeuge der sogenannten Qualifikation unterzogen, wo jeder Teilnehmer seine Fahrerqualitäten zu beweisen hatte. Die Fahrzeuge mußten imstande sein, in einer Zeit von maximal vier Stunden die Strecke von 50 km zu bewältigen. Von 102 angemeldeten Fahrzeugen bestanden nur 66 die Qualifikation. Probleme entstanden auch bei der Bestimmung des Siegers. Bedingung für den Sieg war nämlich nicht die Geschwindigkeit, sondern die Zuverlässigkeit. So kam es, daß Panhard-Levassor mit vier Fahrzeugen im Ziel, und Peugeot mit fünf Wagen, den Sieg zu gleichen Teilen davontrugen.

Die Unkenntnis der Vorschriften bereitete schon damals einigen Teilnehmern eine bittere Enttäuschung. Zum Beispiel Emile Levassor, der durch seine Gewissenhaftigkeit und Genauigkeit bekannt war. Er siegte zwar nach einer 49-stündigen ermüdenden Fahrt im Rennen Paris—Bordeaux—Paris, wurde aber disqualifiziert, weil er einen Zweisitzer fuhr, obwohl die Rennbedingungen Viersitzer vorgeschrieben hatten. In anderen Fällen waren die Wettbewerbsregeln oft so kompliziert und umfangreich, daß eine objektive Bewertung der Rennen heute unvorstellbar ist. Beim ersten amerikanischen Rennen auf der Strecke Milwaukee—Chicago wurde zum Beispiel für die Bestimmung des Siegerwagens außer der Geschwindigkeit auch der Kraftstoffverbrauch, die Zuverlässigkeit, der Komfort und der Kaufpreis des Autos in Betracht gezogen.

Etwas mehr Ordnung in die Klassifizierung der Fahrzeuge brachten die Vorschriften des französischen Automobilklubs A. C. F. aus dem Jahre 1899, die die Autos je nach Gewicht in Kategorien bis 400 kg und über 400 kg aufteilte. Später wurde die Kategorie der schweren Fahrzeuge noch in Klassen bis 600 kg und über 600 kg aufgegliedert. Ab 1902 galt die Einteilung nach den französischen Vorschriften in kleine (Voiturettes) — 250 bis 400 kg, leichte — 400 bis 650 kg und große Rennautos 650 bis 1000 kg.

Mit der Austragung des ersten Großen Preises des A. C. F. im Jahre 1906 gab es die erste Formelfestlegung, Formel Grand Prix genannt:

1. Maximalgewicht des Automobils 1000 kg (Kotflügel, Polsterung, Hupe, Lampen und Werkzeugkasten nicht mit eingerechnet). Im Falle einer Magnetzündung Übergewicht von 7 kg zulässig.
2. Höchstens drei Rennfahrer jeder Herstellerfirma.
3. Austausch von Fahrer und Beifahrer zulässig.

Die Formel Grand Prix wurde 1907 dahingehend geändert, daß die einzige Bedingung ein Kraftstoffhöchstverbrauch von 30 l/100 km war. Diese Festlegung betraf jedoch keinen der Rennwagenhersteller. Die erste Beschränkung, die zur Senkung der Motorleistung führen sollte, war die Formel Ostende, die ab 1908 galt. Sie legte die maximale Motorkolbenfläche auf 750 cm² fest, wodurch die Bohrung bei vierzylindrigen Motoren auf 155 mm und bei Sechszylindern (Austin, Weigel) auf 127 mm limitiert wurde. Das zulässige Mindestgewicht von 1100 kg wurde ohne Kraftstoff, Wasser, Werkzeug, Kotflügel und Reserveräder gerechnet. Übrigens schrieb die Formel keine Hupe vor.

In den Jahren 1909 bis 1911 wurde zwar eine Formel für Autos mit einem Gewicht von mindestens 900 kg ausgeschrieben, aber Rennen fanden wegen mangelnden Interesses der Hersteller nicht statt. Die anhaltenden Konflikte in der Auslegung der Formel Grand Prix bewirkten, daß für 1912 eine sogenannte freie Formel ohne Beschränkungen von Motorhubraum und Fahrzeuggewicht galt. Für den Großen Preis des A. C. F. 1913 war das Reglement genauer den technischen Fahrzeugvorschriften gewidmet. Es begrenzte das Höchstgewicht der Fahrzeuge auf 1100 kg und das Mindestgewicht (ohne Kraftstoff) auf 800 kg. Sie senkte den zulässigen Kraftstoffverbrauch auf 20 l/100 km. Festgelegt waren auch die Form und Lage der Kraftstofftanks: 1 m Länge, Anbringung hinter dem Fahrersitz und zylindrische Querschnittsgestaltung.

In der letzten Vorkriegsformel aus dem Jahre 1914 wurde der Motorhubraum auf 4500 cm³ begrenzt. Kompressoren waren verboten. Als maximale Außenbreite der Fahrzeuge galten 1750 mm. Während des Ersten Weltkrieges wurden die Grand-Prix-Rennen in Amerika fortgesetzt. Die amerikanische Formel, die man 1921 auch in Europa übernahm, senkte den Motorhubraum weiter auf maximal 3000 cm³ (ohne Aufladung).

Die Tendenz zur Senkung des Motorhubraums ging auch in der Folgezeit weiter. Von 1922 bis 1926 galt die sogenannte 2-l-Formel. Die Leistung der 2-l-Motoren ging auf das Vorkriegsniveau zurück, und deshalb versuchten die Konstrukteure, die wieder zulässige Aufladung der Motoren zu nutzen. Das Mindestgewicht sank auf

650 kg, wobei die Rennfahrer zusammen nur 120 kg wiegen durften. Festgelegt waren auch die Maße des hinteren Teils der Karosserie, die nicht mehr als 1500 mm über die Hinterachse hervorragen durfte. Ab 1925 durfte das Auto nur noch von einem Mann besetzt sein.

Für die nächsten fünf Jahre (1926 bis 1930) setzte sich die 1,5-l-Formel durch, die das Mindestgewicht schrittweise von 600 kg (1926) über 700 kg (1927) auf 550 kg im Jahre 1928 begrenzte. Während die neue Formel für die Saison 1926 nur Zweisitzer zuließ, durften 1927 auch Einsitzer (Monoposto) mit einer Mindestbreite von 850 mm starten. Die ersten Monopostos wurden mit außermittig rechts sitzenden Fahrern eingesetzt; später wanderte der Fahrersitz auf die Längsachse des Fahrzeugs. Im Jahre 1928 wurde festgelegt, daß die Rennen eine Mindestlänge von 600 km haben sollten und 1929 wurde das Mindestgewicht der Fahrzeuge auf 900 kg erhöht.

Die vorübergehende Senkung des Mindestgewichts der Fahrzeuge sollte mehr Teilnehmer zu den Großen Preisen locken, an denen manchmal weniger als zehn Wagen starteten. Der Einzug der aufgeladenen Motoren drohte mit einer unverhältnismäßigen Steigerung des Kraftstoffverbrauches, und deshalb begrenzte die Formel des Jahres 1929 den Höchstverbrauch auf 14 kg (ca. 20 l) Benzin und Öl für 100 km. 1930 wurde die Beimischung von 30 Prozent Benzol im Normalbenzin zugelassen.

Trotz dieser Vorschriften fanden einige Große Preise unter Sonderbedingungen statt, wobei die 1,5-l-Formel nicht galt. So kam es, daß auch das offizielle Organ — die internationale Sportkommission CSI (Comission Sportive Internationale) der internationalen Vereinigung anerkannter Autoklubs AIACR (Association Internationale des Automobile-Clubs Reconnus) die von 1931 an geltende Freie Formel (Formula Libre) deklarierte. In Anbetracht der Dauer der Rennen von mehr als 10 Stunden mußten sich im Verlaufe des Rennens zwei Fahrer abwechseln. Obwohl aufgrund der Freien Formel Hubräume und Leistungen der Motoren enorm anstiegen, begrenzte die internationale Sportkommission 1934 nur das Höchstgewicht der Autos auf 750 kg. Dabei handelte es sich um das sogenannte Trockengewicht, ohne Kraftstoff, Öl, Wasser, Werkzeug und Ersatzräder. Vorgeschrieben war aber eine Mindestbreite der Karosserie von 850 mm.

1938 und 1939 galt die 3-l-Kompressor-Formel, die das Hubraumverhältnis zwischen Motoren mit und ohne Kompressor mit Hilfe des Koeffizienten 1,5 festlegte. Als maximaler Motorhubraum mit Kompressor galten 3000 cm³, ohne Kompressor 4500 cm³. Je nach Motorhubraum wurde auch proportionel das Mindestgewicht des Fahrzeuges festgelegt. Bei der Ausnutzung des maximalen Motorhubraumes betrug das Fahrzeuggewicht 850 kg. Es zeigte sich schnell, daß Autos ohne Kompressor, wie sie nur Delahaye und

Talbot bauten, nicht mit den Kompressormodellen von Mercedes, Auto Union oder Maserati konkurrieren konnten. Deshalb berichtigte die erste Nachkriegsformel von 1947 das Verhältnis der Hubräume von Kompressorwagen und Wagen ohne Kompressor auf 1 : 3, mit einer Hubraumgrenze von 1500 cm^3, beziehungsweise 4500 cm^3. Die übrigen technischen Fahrzeugparameter waren nicht vorgeschrieben. In den Jahren 1952 und 1953, als Ferrari die Grand-Prix-Rennstrecken konkurrenzlos beherrschte, wurden Autos der Formel 2 zu den offiziellen Wettbewerbsmodellen der Grand Prix. Es galt die sogenannte 2-l-Formel mit einem Motorhubraum bis zu 2 Liter ohne den Einsatz von Kompressoren.

Das Bemühen um die Annäherung der Konstruktion von Rennautos an die von Serienautos führte zu einer neuen Formel, die von 1954 an Gültigkeit hatte. Es war eine 2,5-l-Formel mit dem Umrechnungskoeffizienten von 3,33 für aufgeladene Motoren. Damit galt bei Kompressormotoren ein maximal zulässiger Hubraum von 750 cm^3, was in den Jahren bis 1960, als diese Formel galt, das Aus für Kompressorwagen bedeutete. Die völlig neuen Konstruktionen von 2,5-l-Motoren nutzten ab 1958 Flugzeugbenzin und erreichten eine Literleistung von 74 bis 88 kW/l (100 bis 120 PS/l). Dank des Einsatzes von Leichtmetalllegierungen entstanden immer grazilere Fahrzeuge, die, wie zum Beispiel Lotus oder Cooper nur noch 370 kg beziehungsweise 430 kg Gewicht aufwiesen.

Die seit 1961 gültige Formel schreibt ein Mindestgewicht des Fahrzeuges von 450 kg vor (ohne Kraftstoff und Fahrer). Der Motorhubraum wurde auf 1,5 Liter beschränkt. Immer strenger handhabte man auch die Sicherheitsbestimmungen. Neben den Zweikreisbremsen wurden Sicherheitsgurte und Überrollbügel Vorschrift. Die Länge der Rennstrecken, die für die Weltmeisterschaften gewertet werden, wurde auf 300 bis 500 km festgelegt.

Dies war die letzte Formel für klassische offene Karosserien mit unverdeckten Rädern und klassischen Kolbenverbrennungsmotoren ohne Abgasturbolader. 1966 begann die Zeit, in der Grand-Prix-Rennwagen nur noch von Fachleuten schnell und sicher zu identifizieren sind. Die hinter Reklameaufschriften versteckten Karosserien, der Wegfall der Kennzeichnung durch die Nationalfarben, mit Spoilern aller Art und die vorübergehende Möglichkeit des Einsatzes von Verbrennungsturbinen oder Wankelmotoren änderten radikal das Bild der Fahrzeuge, Boxen und Rennstrecken.

Komplizierte Geschäftsinteressen, explosionsartig wachsende Kosten des Rennbetriebes und die damit verbundene Reklame der Hersteller von Reifen, Öl, Kosmetik, Tabak oder auch Alkohol haben zur Folge, daß der Grand-Prix-Sport, der mit einem Wettbewerb unter Gentlemen begann, immer öfter als Grand Circus bezeichnet wird.

BEKANNTE RENNSTRECKEN

LE MANS (FRANKREICH) 1906

Das erste Rennen um den Großen Preis des A. C. F. wurde auf einer 104 km langen Strecke nahe der Stadt Le Mans ausgetragen. In der Umgebung von Le Mans existierten gute Straßen, die die Sicherung einer Strecke der erforderlichen Länge ohne größeren Aufwand erlaubten. Der dreieckförmige sogenannte Sarthe-Ring (nach dem örtlichen Automobilklub benannt) verfügte über drei lange Geraden

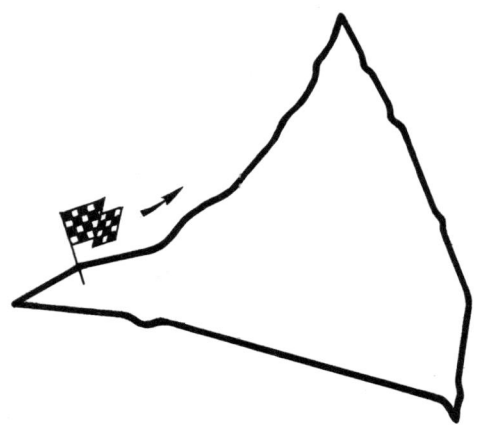

und drei scharfe Kurven. Während des zwei Tage dauernden Rennens wurden je sechs Runden zurückgelegt, insgesamt 1248 km. Am Start befand sich eine große Tribüne. Zwischen den Rennen standen die Fahrzeuge auf einem streng bewachten Parkplatz, der in der Nacht von starken Scheinwerfern beleuchtet wurde.

Um die Staubentwicklung zu verringern, hatte man die Strecke mit einer neuen, aber vorerst glücklosen Erfindung bestreut: Ein Harzgemisch auf Asphaltbasis. Aber im Verlaufe des Rennens schmolz der Asphalt durch die starke Sonneneinstrahlung, erhitzte Teilchen wirbelten durch die Luft und behinderten die nachfolgenden Autos. Für die Ortsdurchfahrten war keine Neutralisierung festgelegt, und deshalb wurde in der gefährlichen Kurve von St. Calais von den Einwohnern eine hölzerne Kurve gebaut, die die Strecke dicht an den Hinterhöfen der Gemeinde vorbeileitete. Für eine andere Sicherheitsvorkehrung sorgte der Veranstalter: In Pont de Gennes wurde unter der Strecke eine Fußgängerunterführung gebaut.

SAVANNAH (USA) 1908

Speziell für Autorennen erbaut wurde der erste künstliche Straßenkurs der Welt im amerikanischen Savannah im Staat Georgia. Er hatte eine Länge von 40 km, und die Breite war von 9 bis 18 m veränderbar. Die Oberfläche bestand aus festgewalztem Schotter, der mit Öl eingelassen war. So wurde die gefährliche Staubentwicklung während der Rennen weitestgehend verhindert. Um die Wettbewerbe spannender zu machen, waren in großer Zahl Kurven angelegt, erstmals versehen mit Schutzbarrieren. Außerdem existierte bereits ein deutlich gekennzeichneter Stützpunkt der Ersten Hilfe und der Feuerwehr. Die großzügig gestaltete Tribüne bot Platz für 16 000 Zuschauer.

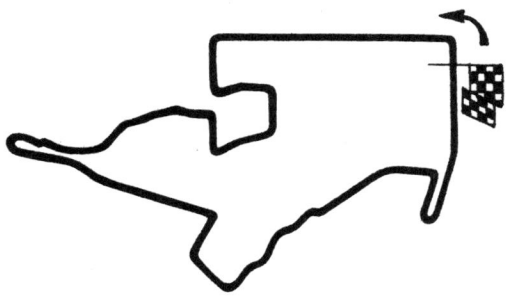

Der erste Große Preis der USA wurde bereits 1908 vom amerikanischen Automobilklub organisiert, und Wagner erreichte eine Durchschnittsgeschwindigkeit von 104,7 km/h. Der letzte Große Preis der USA in Savannah fand im Jahre 1911 statt. Bruce-Brown fuhr eine Durchschnittsgeschwindigkeit von 119,8 km/h. Weitere amerikanische Grand-Prix-Rennen fanden in Milwaukee, in Santa Monica, in San Francisco, in Sebring, in Riverside und − in der letzten Zeit − in Watkins Glen und in Long Beach statt.

MONZA (ITALIEN) 1922

Eine der bekanntesten und gleichzeitig auch schnellsten Rennstrekken der Welt ist das italienische Monza. In der Rekordzeit von nur 100 Tagen entstand der Kurs 1922 in einem Privatpark nördlich von Mailand auf Initiative von Vincenzo Lancia und Felice Nazzaro. Die ursprüngliche Strecke bestand aus zwei langgezogenen Biegungen, die an einem Ende durch eine Haarnadelkurve und am anderen Ende durch eine rechtwinklige Kurve verbunden waren. Ihr Grundriß änderte sich in der Folgzeit mehrfach. In den 50er Jahren wurde sie durch geneigte Betonkurven ergänzt, die die Strecke noch schneller machten. Nach einigen schweren Unfällen wollten die Veranstalter

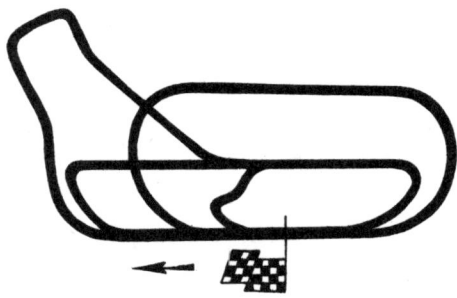

durch künstliche Hindernisse die Geschwindigkeiten reduzieren. Da die Maßnahmen wenig Erfolg hatten, wurde die Strecke im Jahre 1957 so geändert, daß sie wieder dem Vorkriegsgrundriß entsprach. Die heute in Monza gefahrenen hohen Durchschnittsgeschwindigkeiten bewegen sich um 200 km/h. Während der erste Monza-Sieger Bordino im Jahre 1922 eine Durchschnittsgeschwindigkeit von 139,8 km/h fuhr, bewältigte Phil Hill auf Ferrari die Strecke im Jahre 1960 mit durchschnittlich 212,5 km/h.

SPA (BELGIEN) 1925

Der belgische Nordseebadeort Spa erwacht mehrmals im Jahr aus seiner Beschaulichkeit und wird zum Ziel von Anhängern des Autorennsports aus der ganzen Welt. Die Strecke des 1925 im bewaldeten Tal der Ardennen erbauten Rundkurses von Spa-Francorchamps mißt 14,088 km. Der Startplatz befindet sich an einer ungewöhnlichen Stelle — auf einem Hügel, hinter dem die Strecke in einer scharfen Kurve nach links abbiegt. In der Rechtskurve nach der Ortschaft Burneville hinter der Fußgängerüberführung folgt eine Gerade, auf der Höchstgeschwindigkeiten von 300 km/h erreicht werden können. Ursprünglich endete der gerade Abschnitt in einer Spitzkehre in der Gemeinde Stavelot, die heute jedoch im Bogen umfahren wird. Dicht vor dem Ziel kommt die La Source-Haarnadel-

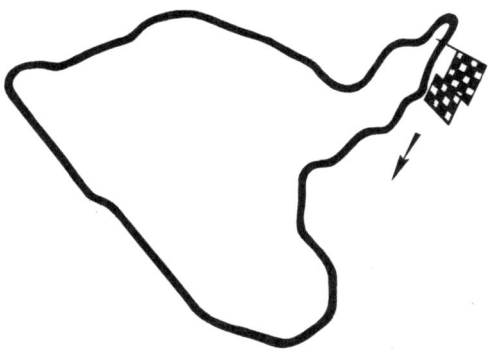

kurve (170 Grad), in der 1939 der Engländer Dick Seamen umkam. Der Meister dieser Strecke war Jim Clark, der hier viermal hintereinander siegte, wobei er im Jahre 1964 eine Durchschnittsgeschwindigkeit von 213,7 km/h erreichte. Zusammen mit Monza und Indianapolis ist Spa-Francorchamps eine der schnellsten Rennstrecken der Welt.

BROOKLANDS (GROSSBRITANNIEN) 1926

Die Geschwindigkeitsbeschränkung auf 20 Meilen/h als Erbe des sogenannten Flaggengesetzes (Red Flag Act) erlaubte um die Jahrhundertwende praktisch keine Autorennen auf öffentlichen Straßen in England. In dieser Situation half H. F. Locke King, ein begeisterter Autofan und Grundstücksbesitzer in der Nähe von London in den Brooklands-Sümpfen. Nach den Projekten von Oberst Holdan ließ er dort in den Jahren 1906/07 ein ovales Autodrom aus Beton bauen. Die zwei geneigten Kurven erlaubten eine Geschwindigkeit von 200 km/h. Die geraden Abschnitte wurden durch eine gewundene komplizierte Strecke verbunden. Der rund 4,4 km lange Kurs, dessen Zuschauerraum 30 000 Personen faßt, kostete rund eine Viertel Million Pfund.

Die Rennen verliefen entgegen dem Uhrzeigersinn. Anfangs waren die Wettbewerbe den traditionellen Pferderennen sehr ähnlich. Übrigens fanden auf der Brooklandsbahn auch verschiedene Ausdauerrennen für Reklamezwecke, Rennen der Londoner Taxis oder Zuverlässigkeitsrennen statt. Der erste Große Preis von Großbritannien wurde hier im Jahre 1926 ausgetragen. Senechal, der sich mit Wagner abwechselte, erreichte eine Durchschnittsgeschwindigkeit

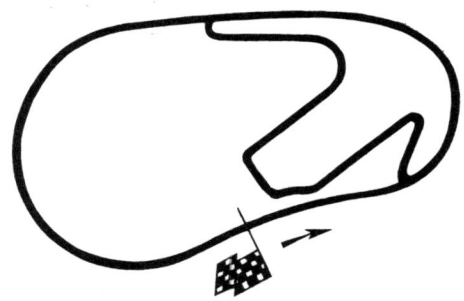

von 115,2 km/h. Nach dem Großen Preis von 1927 entschied der britische Automobilklub jedoch, daß aus dem Autodrom kein Straßenkurs gemacht werden dürfe. Auf den neuen Rundkurs im Donnington Park mußten die Briten dann bis 1935 warten. Nach dem Zweiten Weltkrieg wurde die beschädigte Brooklandsbahn an die Flugzeugfirma Vickers-Armstrong verkauft.

NÜRBURGRING (DEUTSCHLAND) 1927

Der ohne Zweifel schwierigste Rundkurs entstand im Jahre 1927 unterhalb der Nürburg. Fachleute behaupten, daß es unmöglich sei, sich den Verlauf der ganzen Strecke einzuprägen. Manfred von Brauchitsch sprach von 176 Kurven. Die Strecke ist 22,65 km lang und erfordert ständige Aufmerksamkeit, häufiges Schalten (zu Brauchitschs Zeiten 45mal in einer Runde) und ein zuverlässiges, ausdauerndes Auto. Ein Spezialist für den Nürburgring war Rudolf Caracciola, der hier fünfmal siegte und für eine Runde rund 10 Minuten brauchte. Während der erste Sieger auf dieser Strecke, Otto Merz auf Mercedes, im Jahre 1927 eine Durchschnittsgeschwindigkeit von 102,0 km/h erreichte, fuhr Jim Clark auf Lotus im Jahre 1965 mit durchschnittlich 160,6 km/h. In jüngster Zeit wurde die traditionelle Nordschleife des Nürburgrings um eine sicherere Strecke für Formel-1-Rennen erweitert.

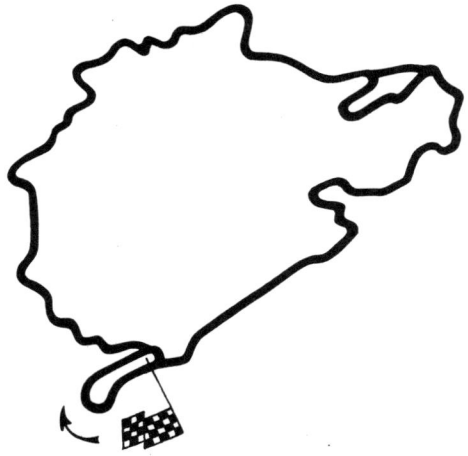

MONACO 1929

Im Jahre 1929 fand zum ersten Male der Große Preis von Monaco statt. Bis heute nimmt er unter allen Großen Preisen eine Ausnahmestellung ein: Es ist dies der einzige Rundkurs, dessen Strecke durch die Straßen einer Stadt führt. Mit einer Länge von 3,14 km ist er gleichzeitig der kürzeste Grand-Prix-Kurs. Um so öfter muß die Strecke durchfahren werden. Die Rundenzahl betrug anfangs 100, später 80. Auch wenn verhältnismäßig niedrige Durchschnittsgeschwindigkeiten erreicht werden (80 bis 110 km/h), ist die Strecke eine Tortur für Fahrer und Auto.

Der Start befindet sich in Ufernähe am Gebäude des Automobilklubs von Monaco. Nach dem Start und der 180-Grad-Rechtskurve „Bei der Gasuhr" steigt die Strecke zum Hotel de Paris an, das in einer Linkskurve am Casino umfahren wird. Hier beginnt der schwerste Teil des Rennens — die zwei Haarnadelkurven „Am Hotel Mirabeau" und „Am Bahnhof". Unter der Eisenbahnstrecke hindurch gelangen die Rennfahrer zum Ufer, wo die Wagen voll beschleunigt werden können, bevor der berühmte Tunnel, eine plötzliche Schikane am Beginn der Mole und die rechtwinklige Kurve „Am Trafik" auftauchen. Eine Zeitlang dachte man übrigens an die Aufgabe dieses Rennens, das lange Jahre traditionell von Louis Chiron gestartet wurde.

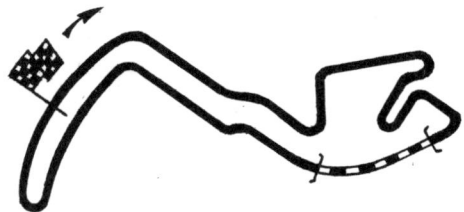

REIMS (FRANKREICH) 1932

Der Große Preis des A. C. F. fand im Verlaufe seiner Geschichte auf verschiedenen Strecken statt: in Le Mans, Dieppe, Amiens, Lyon, Montlhéry, Pau, Rouen, Comminges und anderswo. Die meisten Großen Preise wurden auf dem Rundkurs von Reims ausgetragen. Dort lief auch das erste Grand-Prix-Rennen von 1932. Nuvolari erreichte dabei eine Durchschnittsgeschwindigkeit von 148,5 km/h.

Die Strecke befindet sich nahe der Gemeinde Gueux, zwischen Soissens und Reims. Sie liegt in einer offenen Ebene und bietet den Zuschauern einen vollkommener Überblick, und unter der Rennstrecke führt ein Fußgängertunnel hindurch. Lange Geraden machten den technisch gut ausgerüsteten Kurs zu einer Hochgeschwindigkeitsstrecke, überraschende Kurven wie Virage de Thillois und Virage de Muizon erfordern einiges fahrerisches Geschick. Eine bemerkenswerte Durchschnittsgeschwindigkeit von 220,3 km/h erreichte Brabham auf Brabham-Repco im Jahre 1966.

SILVERSTONE (GROSSBRITANNIEN) 1948

Ohne eine richtige Autorennstrecke wäre die weitere Entwicklung des Autorennsports in Großbritannien undenkbar gewesen. Daneben waren solche Strecken auch für Testfahrten der Automobilhersteller außerordentlich wichtig. Bevor die Brooklandsbahn gebaut wurde, testete man neue englische Autos in Belgien!

Schließlich kaufte der königliche englische Automobilklub vom Ministerium für Luftfahrt einen Flugplatz, der während des Zweiten Weltkrieges bei der Gemeinde Silverstone in der Grafschaft Northhamptonshire für die Ausbildung von Piloten erbaut wurde. Die

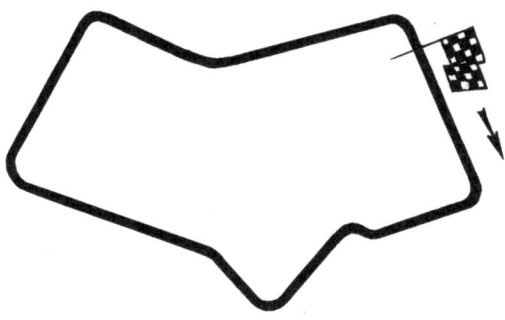

Strecke bekam die Form eines gebogenen Trapezes mit sechs Kurven, die die Namen Copse Corner, Becketts Corner, Stowe Corner, Club Corner, Abbey Corner und Woodcote Corner erhielten. Die Verwaltung des 4,172 km langen Rundkurses übernahm der britische Autorennfahrerclub (British Racing Drivers Club). Der erste Sieger auf dieser Strecke wurde 1948 Luigi Villoresi auf Maserati mit einer Durchschnittsgeschwindigkeit von 115,7 km/h.

Weitere Rennstrecken wurden in Aintree und in Brands Hatch erbaut. Seit 1964 finden die Großen Preise abwechselnd in Silverstone und in Brands Hatch statt.

ZANDVOORT (NIEDERLANDE) 1950

Eine der neuesten Grand-Prix-Strecken ist der Zandvoort-Rundkurs in der Nähe der Stadt Haarlem an der Nordseeküste. Die 4,194 km lange Strecke bildet ein Oval mit zwei scharfen Kurven. Aus technischer Sicht ist die Strecke vollkommen, aber nach Meinung von Fachleuten aus der Sicht des Rennfahrers wenig interessant. Doch die Lage in den Sanddünen, die bei starkem Seitenwind abwechselnd Nebel, Regen oder Sandstaub auf der Strecke mit sich bringt, ist nicht

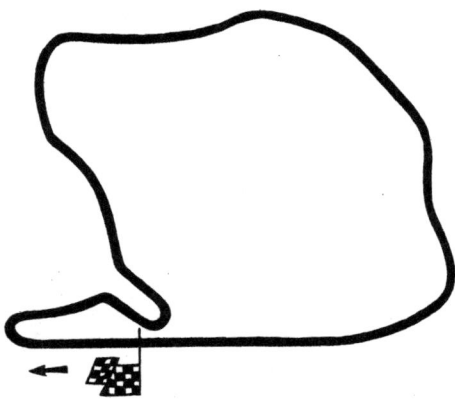

ungefährlich. Auf der von einigen Fußgängertunneln zu unterqueren-den Strecke sind bei gutem Wetter hohe Durchschnittsgeschwindig-keiten möglich. Die Geschichte von Zandvoort eröffnete Louis Rosier auf Talbot, der mit einer Durchschnittsgeschwindigkeit von 122,3 km/h siegte. Am besten entsprach sie wohl Jim Clark, der hier bis 1965 dreimal hintereinander gewann, wobei die Durchschnitts-geschwindigkeit seines Lotus im letzten Jahre 162,3 km/h betrug.

BILDTEIL

PANHARD-LEVASSOR   1895

Hersteller: SA des Anciens Etablissements Panhard et Levassor, Paris, Frankreich

Das Siegerauto des ersten Autorennens der Welt, der Panhard-Levassor, kann nur schwerlich als wirklicher Rennwagen bezeichnet werden. Die hohe, zweisitzige Karosserie nach Kutschenart saß auf einem hölzernen Rahmen mit dem außergewöhnlich kurzen Achsabstand von nur 1300 mm. Das Fahrzeug besaß einen Zweizylinder-V-Motor von Daimler, der von Panhard-Levassor in Lizenz hergestellt wurde. 80 mm Bohrung und 120 mm Hub ergaben einen Gesamthubraum von 1206 cm³. Der Motor mit den halbkugelförmigen Verbrennungskammern verfügte über eine Glührohrzündung, einen Vergaser mit Schwimmergehäuse und selbstgesteuerte Einlaßventile. Er brachte maximal 3 kW (3,5 PS) Leistung bei 800 U/min. Die Zwangsumlaufkühlung arbeitete mit einer Zentrifugalpumpe.

Die Antriebskraft des Motors wurde über eine Reibkegelkupplung mit Lederbelag und ein Dreiganggetriebe auf einen Lederriemen und weiter zum Achsgetriebe mit dem Differential übertragen. Von dort wurde sie mit Hilfe von zwei Gliederketten auf das mit den Hinterrädern des Fahrzeugs verbundene Kettenrad geleitet. Die Hinterräder waren einfache Holzspeichen mit Vollgummireifen. Ihr Durchmesser war größer als der der Vorderräder. Die Handbremse – als Klotzbremse ausgebildet – wirkte auf die Vollgummireifen, während die Fußbremse als Hebelbremse die Welle des Achsgetriebes bremste. Die Vorderräder wurden durch einen speziellen Hebelmechanismus gelenkt, der nach seinem Erfinder Ackermann benannt war. Das Fahrzeug hatte noch kein Lenkrad, und der Fahrer drehte die Räder mit Hilfe eines langen Steuerhebels. Bei 600 kg Fahrzeuggewicht konnte eine Höchstgeschwindigkeit von 30 km/h erreicht werden.

Mit diesem Panhard-Levassor begann der Siegeszug der Verbrennungsmotoren, die die dampfgetriebenen Fahrzeuge bald ganz verdrängen sollten. Die Entwicklung der Automobile von Panhard-Levassor war künftig bestimmt durch gewaltige Hubräume und Leistungssteigerungen der Motoren bei gleichzeitiger Senkung des Fahrzeuggewichts. Das Modell von 1902 brachte knapp 1000 kg auf die Waage. Der Vierzylindermotor mit 13,7 l Hubraum leistete maximal 52 kW (70 PS). Aber die Entwicklung der Fahrgestelle hielt nicht Schritt mit den höheren Motorleistungen. Die schlechten Fahreigenschaften der Wagen, die bei Rennen rund 100 km/h erreichen konnten, verursachten einige schwere Unfälle.

RENAULT   1902

Hersteller: Renault Frères, Billancourt, Paris, Frankreich

Großen Einfluß auf die Konstruktion von Rennautos hatte die Entscheidung des französischen Automobilklubs A. C. F. im Jahre 1902, die Fahrzeuge nach Gewicht aufzuteilen. Der Renault von 1902 gehörte mit 600 kg in die Kategorie der leichten Wagen (400 bis 600 kg). Seine hervorragenden Eigenschaften sicherten ihm den Sieg beim größten Langstreckenrennen jener Zeit, Paris—Wien.

Bei der harten Konkurrenz wurde der Renault nur unter „ferner liefen" eingestuft. Unter den 137 Teilnehmern besonders hervorzuheben waren die starken Panhards mit Motorleistungen von 52 kW (70 PS), Mercedes-Simplex mit 29 kW (40 PS) und Mors (Sieger des Rennens Paris—Berlin) mit 44 kW (60 PS). Während des Rennens kam es zu zahlreichen kuriosen Situationen, zum Beispiel als Fournier, einer der bekanntesten Rennfahrer seiner Zeit, die Fähigkeiten seines Mors im Zweikampf mit dem Zug testete, der die Zuschauer an das erste Etappenziel brachte; oder als der Rennfahrer Rigolly die große Steigung auf den Arlberg nicht bezwingen konnte, sein Auto wendete und im Rückwärtsgang den Berg erklomm. Marcel Renault, der als siebenter startete, kam nach toller Fahrt bereits zu einer Zeit in den Wiener Prater, als man dort noch gar nicht die Ankunft eines Fahrers erwartete. Seine Gesamtzeit von 26:10:47 Stunden entspricht einem Durchschnitt von 62,5 km/h — was beim Zustand der Straßen und den bergigen Strecken eine tolle Leistung war.

Das siegreiche Automobil des Rennfahrers Marcel Renault mit der Startnummer 147 hatte einen flachen Stahlrahmen mit Starrachsen, die an halbelliptischen Längsblattfedern aufgehängt waren. Das Fahrzeug wurde vom ersten eigenen Motor der Gebrüder Renault angetrieben. Es war ein wassergekühlter Vierzylinder-Reihenmotor mit 3,8 Liter Hubraum. Der Motor leistete 12 kW (16 PS) bei 1200 U/min. Aufsehen erregte die Wärmeumlaufkühlung mit zwei an beiden Seiten der Motorhaube angebrachten Schlangenkühlern, die in den folgenden Jahren für diese Marke charakteristisch wurden.

Die Antriebskraft wurde über eine Kegelkupplung und ein Vierganggetriebe mit Hilfe einer Antriebswelle auf die Hinterräder übertragen, im Gegensatz zu den damals gebräuchlichen Gliederketten. Die starre Hinterachse mußte ohne Differential auskommen, was eine besondere Kurvenfahrtechnik erforderte. Der Beifahrersitz befand sich in einer niedrigeren Lage als der Fahrersitz, um den Luftwiderstand zu verringern. Das Auto erreichte eine Geschwindigkeit von rund 100 km/h.

MORS   1903

Hersteller: Société d'Electricité et d'Automobiles Mors, Paris, Frankreich

Die Zeit der großen Städterennen ging 1903 mit dem Rennen Paris—Madrid zu Ende, das nach 552 km in Bordeaux abgebrochen werden mußte. Ein Opfer der vielen schweren und tödlichen Unfälle war auch Marcel Renault. Die ungesicherte Strecke, die hohen Geschwindigkeiten auf schlechten Straßen und die Teilnahme von 224 Fahrern — dies alles führte zum vorzeitigen Ende des Rennens. Zum Sieger wurde Ferdinand Gabriel auf Mors erklärt, der eine phantastische Leistung lieferte: Er startete in Paris als 163. und kam als vierter in einer Zeit von 5:15:31,5 h in Bordeaux an, was einer Durchschnittsgeschwindigkeit von 105 km/h entspricht!

Mors war damals einer der erfolgreichsten Automarken. Die von den Brüdern Emile und Louis Mors gegründete Firma hatte 1895 mit der Herstellung von Automobilen begonnen. Dank der Siege von Antony im Rennen Paris—St. Malo und von Pierre Levegh (Pierre Bouillin startete unter diesem Pseudonym) auf den Strecken Paris—Ostende und Paris—Bayonne setzten sich ihre Autos auch im Rennsport durch. Der siegreiche weiße Mors von 1903 mit der Startnummer 168, der „Dauphin", leistete maximal 52 kW (70 PS). Der wassergekühlte Vierzylindermotor brachte es mit 145 mm Bohrung und 175 mm Hub auf den beachtlichen Hubraum von 11,2 l. Die Einlaßventile waren schon mechanisch gesteuert.

Die Antriebskraft wurde von einer Kegelkupplung übertragen. Das mechanische Getriebe war dreistufig, nach dem System Renault. Die Bewegung wurde von Antriebsketten weitergegeben, wobei der Durchmesser des Treibrads fast so groß war wie der des Kettenrads auf der angetriebenen Hinterachse. Dies ermöglichte respektable Geschwindigkeiten: Der Mors Dauphin erreichte dank der hohen Motorleistung und der aerodynamisch günstig gestalteten Karosserie die beinahe unfaßbare Höchstgeschwindigkeit von fast 150 km/h! Die Beherrschung dieses „Geschosses", das nur an seiner Hinterachse Bremsen hatte, erforderte eine ordentliche Portion Mut.

Den flachen Leiterrahmen hatte man für Rennzwecke durch viele Bohrungen in den Längs- und Querrahmen leichter gemacht. Die Starrachsen waren an halbelliptischen Längsfedern befestigt. Eine Neuheit war der Einsatz von Reibungsdämpfern. Nach dem Ausscheiden des Chefkonstrukteurs Richard Brasier verlor die Firma Prestige, und ihre Autos nahmen bald nicht mehr an Rennen teil. Bis zum Ende im Jahre 1927 wurden nur noch Tourenwagen produziert.

MERCEDES 1903

Hersteller: Daimler Motoren Gesellschaft, Bad Cannstatt, Deutschland

Im Jahre 1903 kam der Gordon-Bennett-Pokal nach Großbritannien – dank des Briten S. F. Edge auf Napier, der im vorangegangenen Jahr auf der Strecke Paris–Innsbruck gesiegt hatte. Da die britischen Vorschriften praktisch keine offenen Straßenrennen zuließen, fanden die ersten Rennen in Irland statt, und zwar auf einem geschlossenen Rundkurs südlich von Dublin.

Aus Deutschland waren zum Rennen drei Mercedes mit einer Leistung von 66 kW (90 PS) gemeldet, die speziell für Rennzwecke hergestellt worden waren. Drei Wochen vor dem Start wurden jedoch bei einem Brand in einer Werkhalle von Daimler in Cannstatt alle drei Fahrzeuge vernichtet. Für das Rennen rüstete man deshalb schnell von Privatkunden zurückgekaufte Tourenwagen mit 44 kW (60 PS) Leistung um, die vom Belgier Camille Jenatzy, von dem belgischen Baron Pierre de Caters und dem Engländer Foxhall-Keene gefahren wurden. Der deutsche Automobilklub hatte den Start einheimischer Amateurrennfahrer nicht zugelassen. Den Gordon-Bennett- Pokal gewann Jenatzy, der wegen seiner Bartfarbe und der wilden Fahrweise auch „Roter Teufel" genannt wurde, mit einer Durchschnittsgeschwindigkeit von 89,2 km/h.

Das siegreiche Auto von Mercedes hatte einen Fahrgestellrahmen aus U-Stahlprofilen, auf denen Querträger aufgenietet waren. Die Starrachsen hingen an halbelliptischen Längsfedern. Die Hinterradbremse wurde durch einen Handhebel betätigt, die Fußbremse wirkte auf das Getriebe. Der Vierzylindermotor mit mechanisch gesteuerten seitlichen Ventilen hatte einen Hubraum von 9240 cm^3 und leistete 44 kW (60 PS) bei 1100 U/min. Bohrung und Hub maßen 140 mm beziehungsweise 150 mm. Das Zündsystem wurde über einen Hochspannungsmagneten gespeist.

Die Antriebskraft wurde vom Motor über eine Kegelkupplung auf ein Vieranggetriebe mit Kulissenschaltung übertragen. Das Getriebe und das Achsgetriebe mit dem Differential befanden sich in einem Gehäuse, von dem aus die Kraft über Ketten zu den Hinterrädern gelangte. Die hölzernen Speichenräder waren noch nicht abnehmbar, so daß Defekte umständlich direkt am Auto behoben werden mußten. Das Auto erreichte eine Höchstgeschwindigkeit von 128 km/h.

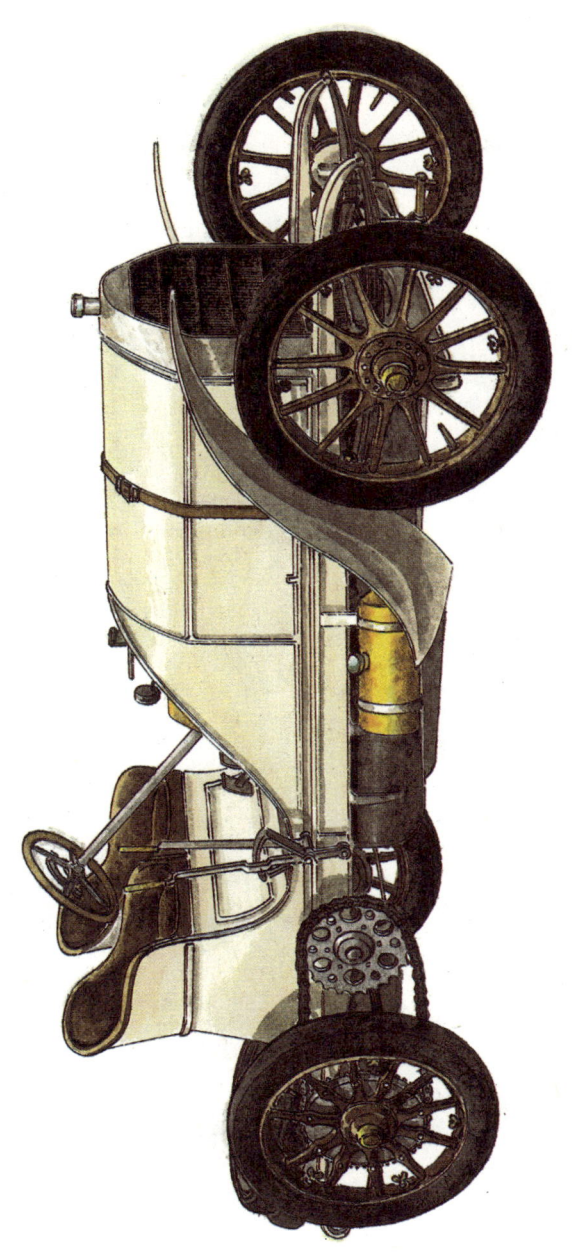

BRASIER   1905

Hersteller: Société des Automobiles Brasier, Ivry-Port, Frankreich

Durch den Sieg eines deutschen Wagens im Gordon-Bennett-Pokal fiel die Wahl des Rennens im fünften Jahr seines Bestehens auf eine Rennstrecke im Taunus. Ungeachtet des starken Anteils von Mercedes-Rennwagen, die auch für Österreich-Ungarn starteten, siegte Léon Théry auf einem französischen Brasier. Damit kehrte der Pokal nach Frankreich zurück.

Die Veranstalter bereiteten die Rennstrecke in der Auvergne sorgfältig vor. Die Straßen wurden gut befestigt, die Strecke grenzte man durch Geländer ab, und die Fahrzeuge starteten in Fünf-Minuten-Abständen. Léon Théry bestach auch hier durch seine perfekte und gleichmäßige Fahrweise, derentwegen er den Spitznamen „Chronometer" bekam. Er siegte auf der knapp 509 km langen Strecke in der Zeit von 5 Stunden, 50 Minuten und 1,4 Sekunden, was eine Durchschnittsgeschwindigkeit von 87,2 km/h ergab.

Der Brasier-Rennwagen hatte einen Vierzylindermotor mit 9,8 Liter Hubraum, der bei 1300 U/min 59 kW (80 PS) erreichte. Ein Fliehkraftregler kontrollierte die Höchstdrehzahl des Motors. Die Zylinder waren paarweise gegossen, so daß der Motor aus zwei Blöcken mit seitlichen Ventilen bestand. Das Gemisch wurde magnetisch gezündet. Die Zwangsumlauf-Wasserkühlung unterstützte ein Ventilator. Und ein Tauchkolben-Lubrifikator — eine aus der Dampfmaschinentechnik übernommene Vorrichtung zur automatischen Kondensationsschmierung der Zylinder — sicherte die Motorschmierung. Zur Erleichterung des Ankurbelns des Motors diente ein Dekompressor.

Die Antriebskraft wurde über eine Kegelkupplung auf ein Dreiganggetriebe übertragen, das sich zusammen mit dem Differential in einem Block auf dem Rahmen befand. Die Bewegung wurde weiter über zwei Gliederketten auf die Hinterräder übertragen. Die Starrachsen hingen an halbelliptischen Federn, und ihre Bewegung wurde durch Reibungsdämpfer gedämpft. Eine Bremse wirkte auf das Differential, die andere direkt auf die Hinterräder. Die hölzernen Speichenräder hatten vorn einen etwas kleineren Durchmesser als hinten. Der 125-l-Benzintank diente gleichzeitig auch als Sitz für Fahrer und Mechaniker. Mit dem 950 kg schweren Auto waren maximal etwa 140 km/h möglich.

1905 ging die sechsjährige Geschichte der Rennen um den silbernen Gordon-Bennett-Pokal zu Ende. Die bis 1930 existierende Firma Brasier erreichte noch einige bedeutende Grand-Prix-Erfolge.

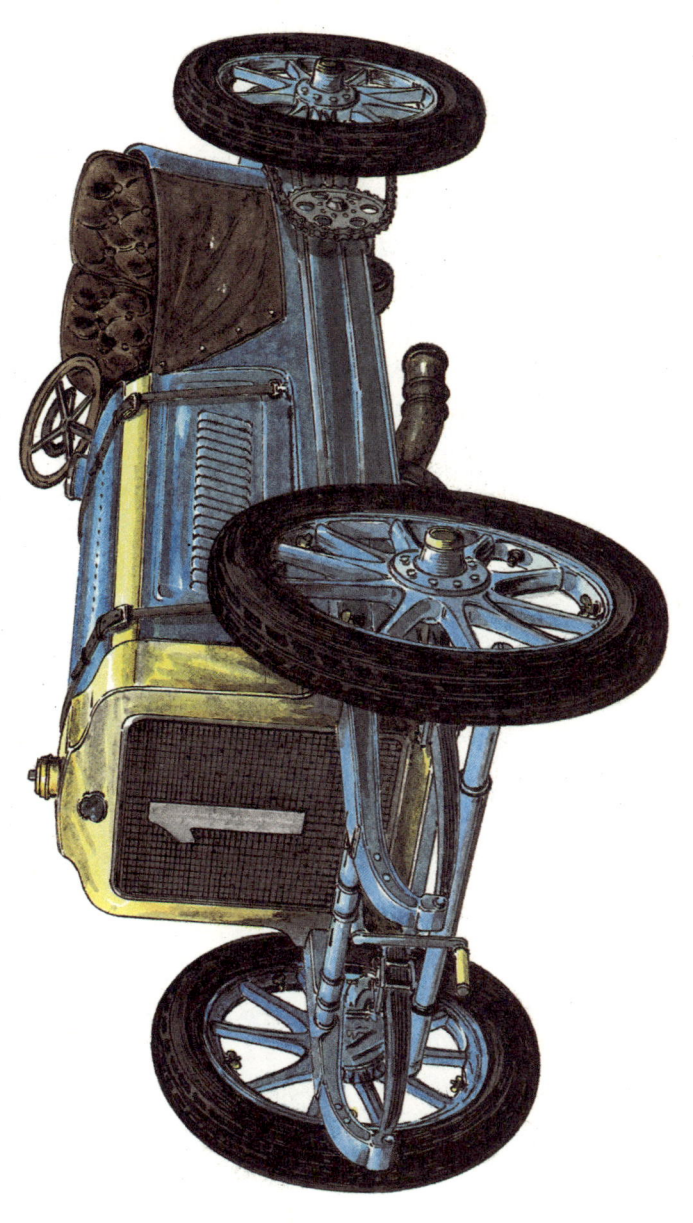

RENAULT   1906

Hersteller: Renault Frères, Billancourt, Paris, Frankreich

Als erstes Grand-Prix-Rennen gilt der Große Preis von Frankreich
im Jahre 1906. Dieser „Große Preis des A. C. F." war vom
„Automobile Club de France" ins Leben gerufen worden. Bei der
Wahl der Strecke entschied man sich für einen Rundkurs in der Nähe
von Le Mans. Beim ersten Start am 26. Juni 1906 waren die Marken De
Dietrich, Clément, Brasier, Darracq, Gobron-Brillié, Grégoire, Hotch-
kiss, Panhard und Renault aus Frankreich, Fiat und Itala aus Italien
und Mercedes aus Deutschland am Start. Die Hubräume der Konkurrenten reichten von 7,4 l (Grégoire) bis 18,3 l (Panhard-Levassor).
Festgelegt war lediglich das Höchstgewicht der Automobile
(1000 kg). Die Firmen Brasier, Fiat, Itala und Renault wagten den
Einsatz der neuesten Erfindung von André Michelin — abnehmbare
Radfelgen — und waren damit erfolgreich. Die beste Rundenzeit und
Streckenrekord fuhr Nazzaro auf Fiat mit einem Durchschnitt von
128 km/h. Während der Behebung einer Panne überholte ihn Szisz
auf Renault, der dann in 12:13:57 Stunden mit einem Durchschnitt von
101,3 km/h Sieger des ersten Rennens um einen Großen Preis wurde.

Das Fahrgestell des Siegerfahrzeuges bestand aus einem genieto-
ten Stahlrahmen, auf dem der Motor mit seinem mächtigen Rohrküh-
ler, der Sitz für Fahrer und Mechaniker sowie der Benzintank befestigt
waren. Die Starrachsen hingen an viertelelliptischen Längsfedern.
Die mechanischen Trommelbremsen wirkten nur auf die hölzernen
Hinterräder. Der aus zwei Blöcken bestehende Vierzylindermotor
hatte nichtabnehmbare Zylinderköpfe, mechanisch gesteuerte seitliche Ventile und eine Wärmeumlauf-Kühlung. 166 mm Bohrung und
150 mm Hub ergaben einen Hubraum von genau 12 986 cm^3. Das
Kraftstoff-Luftgemisch wurde durch eine Bosch-Hochspannungs-
magnetzündung zur Verbrennung gebracht. Die Höchstleistung von
66 kW (90 PS) erreichte der Motor bei 1200 U/min.

Die Antriebskraft wurde von einem Dreiganggetriebe durch eine
Kardanwelle (im Gegensatz zu den sonst üblichen Ketten) auf die
Hinterräder übertragen. Wegen der mit 1090 mm sehr schmalen
Spurbreite der Hinterräder konnte auf ein Differential verzichtet
werden. Durch die Anordnung des stehenden Kühlers hinter dem
Motor wurde eine aerodynamisch günstige Form der Motorhaube
erreicht. Das 990 kg schwere Auto erreichte im Jahre 1906 eine
Höchstgeschwindigkeit von 150 km/h.

Das gleiche Renault-Modell belegte im folgenden Jahr beim
Großen Preis des A. C. F. in Dieppe den zweiten Platz.

FIAT 1907

Hersteller: Fabbrica Italiana d'Automobili Torino, Turin, Italien

Für den zweiten Jahrgang des Großen Preises des A. C. F. im Jahre 1907 wurde die neue Strecke bei Dieppe an der Nordwestküste von Frankreich ausgewählt. Nach den geänderten Teilnahmebedingungen war der Kraftstoffverbrauch auf nunmehr 30 l/100 km begrenzt. Erstmals unterschieden sich die Karosseriefarben der Rennautos je nach Herkunftsland. Grün waren die englischen, weiß die deutschen, blau die französischen und rot die italienischen Wagen. Das Duell zwischen Renault und Fiat endete diesmal mit dem Sieg des italienischen Fahrers Felice Nazzaro auf Fiat vor Szisz auf Renault.

Der Fiat aus dem Jahre 1907 hatte einen Vierzylindermotor mit 180 mm Bohrung und 160 mm Hub (Hubraum 16 286 cm^3). Er war eigentlich die stärkere Version des Modells von 1905, das erstmals hängende, seitlich gesteuerte Ventile (OHV) hatte. Die Motorleistung von 96 kW (130 PS) bei 1600 U/min erlaubte eine Höchstgeschwindigkeit von 158 km/h. Zur Zündung wurden die Funken eines Niederspannungsmagneten genutzt. Anstelle des gebräuchlichen Trockenkegels wurde eine Mehrscheiben-Naßkupplung eingesetzt, die von nun an gang und gäbe wurde. „Klassisch" blieb der Kettenantrieb vom Vierganggetriebe auf die Hinterräder.

Auch bei der Gesamtkonzeption des Automobils hielt man sich ans Althergebrachte — rechteckiger Rahmen mit den an Längsblattfedern aufgehängten Starrachsen, Holzräder mit abnehmbaren Felgen, vorn ein mächtiger Kühler, hinter ihm der längs eingebaute Motor, die Sitze für Fahrer und Mechaniker, hinter welchen sich der zylinderförmige Benzintank befand. Mit dem 830 kg schweren Auto erreichte Felice Nazzaro beim Rennen um den Großen Preis des A. C. F. eine Durchschnittsgeschwindigkeit von 113,6 km/h. Und im Jahre 1907 gelang es Nazzaro auf Fiat, außer dem Großen Preis des A. C. F. auch die Targa Florio auf Sizilien und das Tourenwagenrennen in Deutschland, den „Kaiserpreis", zu gewinnen.

MERCEDES   1908

Hersteller: Daimler Motoren Gesellschaft, Stuttgart, Deutschland

Im Jahre 1908 gab der französische Automobilklub eine neue Rennordnung für den Großen Preis des A. C. F. heraus, in der die Stirnfläche aller Kolben des Motors auf 750 cm^2 begrenzt wurde. Dies bedeutete verschieden große Bohrungen für Vier- und Sechszylindermotoren. Mit 1100 kg neu festgelegt wurde das Mindestgewicht der Fahrzeuge. Am Start in Dieppe traten 48 Fahrzeuge an, deren Hubräume von 9,5 bis 14 l reichten. Hier tauchten bereits Fahrzeuge auf, deren Ventile durch obenliegende Nockenwellen gesteuert wurden (OHC). Andere Verbesserungen blieben untersagt: Das Verbot abnehmbarer Räder verhinderte die Teilnahme von Edge auf Napier. Das Rennen war eine klare Sache für die deutschen Fahrzeuge, die die ersten drei Plätze, den fünften und den siebenten Platz belegten. Der siegreiche Mercedes mit Christian Lautenschlager kam in der Zeit von 6:55:43,8 Stunden ins Ziel. Der Daimler-Testfahrer erreichte damit eine Durchschnittsgeschwindigkeit von 111,1 km/h.

Das Auto hatte einen wassergekühlten Vierzylindermotor mit 155 mm Bohrung und 170 mm Hub (Gesamthubraum 12,8 l). Die Ventilanordnung wurde durch den sogenannten F-Kopf charakterisiert, d. h. die Einlaß- und Auslaßventile bewegten sich in entgegengesetzter Richtung. Die Nockenwellen befanden sich zu beiden Seiten der Kurbelwelle. Der Motor leistete 99 kW (135 PS) bei 1400 U/min und ermöglichte dem Auto eine Höchstgeschwindigkeit von 167 km/h. Dennoch hatte dieses schnelle Fahrzeug nur an den Hinterrädern Bremsen. Zur Verringerung der ungefederten Massen setzte die Firma Daimler Ketten zum Hinterradantrieb ein, obwohl die meisten Fahrzeuge bereits mit Kardanwellen ausgestattet waren. Wegen des schlechten Fahrbahnbelags beim Großen Preis in Dieppe kamen die Mechaniker in den Boxen nicht zur Ruhe: Nach dem Rennen war keine einzige Felge mehr übrig. Mercedes feierte einen weiteren Triumph, als Salzer mit einer Durchschnittsgeschwindigkeit von 126,5 km/h einen neuen Rundenrekord aufstellte. Der siegreiche Wagen von Christian Lautenschlager befindet sich heute in einer Privatsammlung in den USA.

BENZ

1908

Hersteller: Rheinische Gasmotorenfabrik Benz & Cie, Mannheim, Deutschland

Die zweite deutsche Firma, die ihre Fahrzeuge in der harten Grand-Prix-Konkurrenz erproben wollte, war Benz aus Mannheim. Aus Reklamegründen saßen in den Fahrzeugen beim Großen Preis von Frankreich in Dieppe 1908 französische Rennfahrer. Victor Hémery und René Hanriot belegten den zweiten und den dritten Platz und erreichten im Rennen eine Durchschnittsgeschwindigkeit von 108,9 beziehungsweise 108,7 km/h.

Der Benz von 1908 hatte einen Vierzylindermotor mit OHV-Ventilsteuerung und 12,4 l Hubraum. In jedem Zylinder befanden sich zwei Zündkerzen, die über einen Hochspannungsmagneten gezündet wurden. Der Motor erreichte 88 kW (120 PS) bei 1500 U/min. Die Starrachsen am Stahlrahmenfahrgestell hingen an halbelliptischen Blattfedern. Die Handbremse wirkte direkt auf die Hinterräder. Und die Fußbremse, die durch zwei Pedale betätigt wurde, bremste jeweils nur das rechte oder das linke Kettenrad. So konnte die Verteilung der Antriebs- und Bremskräfte auf die Hinterräder gesteuert werden.

Die Antriebskraft gelangte vom Motor über die Kupplung und ein Vierganggetriebe auf das Kettengetriebe. Typisch für die Rennwagen der damaligen Zeit war die Unterbringung des Benzintanks hinter den Sitzen von Fahrer und Mechaniker. Das Auto erreichte eine Höchstgeschwindigkeit von 162 km/h. Neu bei dem 1908er Großen Preis war die Einrichtung einer Box, in der die Rennfahrer unter anderem die Reifen — der Benz hatte drei Reservereifen an Bord — wechselten.

Die enorme Steigerung der Kosten für die Entwicklung von Rennwagen, die sich bereits wesentlich von normalen Straßenfahrzeugen unterschieden, sowie die Uneinigkeit bei der Erarbeitung neuer Rennsportreglements hatten zur Folge, daß 13 Firmen, unter ihnen auch Benz, künftig an weiteren Grand-Prix-Rennen nicht mehr teilnahmen.

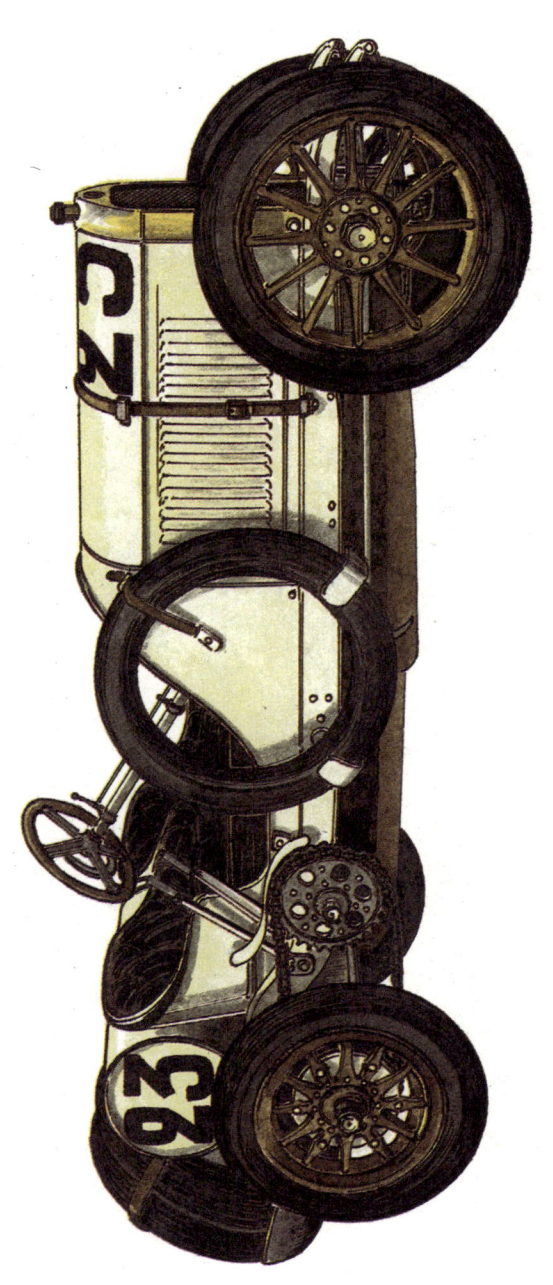

ITALA   1908

Hersteller: Fabbrica Automobili Itala S. A., Turin, Italien

Bereits im Jahre 1905, gleich nach der Geburt der Firma, baute Matteo Ceirano — Konstrukteur und Gründer von Itala in einer Person — sein erstes Rennauto. Es war ein großes Vierzylindermodell mit einem Hubraum von 16 666 cm^3, auf dem Raggio den Pokal Coppa Florio (Vorgänger der späteren Targa Florio) gewann. Mit 16-l-Modellen nahm das Itala-Team mit Cagno, Fabry und Baron de Caters auch am Großen Preis des A. C. F. in Le Mans im Jahre 1906 teil. Aber die mit abnehmbaren Felgen ausgerüsteten Fahrzeuge hatten Probleme mit den Holzspeichen in den Rädern sowie mit der Motorkühlung — und so schieden sie nach und nach alle aus dem Rennen aus.

Für 1908 bereitete Itala ein neues Rennauto mit Vierzylindermotor und einem Hubraum von 12 045 cm^3 (154,8 mm Bohrung und 160 mm Hub) vor. Bei 1600 U/min waren maximal 74 kW (100 PS) möglich. Der wassergekühlte Motor hatte eine OHV-Ventilsteuerung und zeichnete sich durch seine besondere Belastbarkeit aus. Die Bereifung der hölzernen Speichenräder stammte von Pirelli. Das Rahmenfahrgestell trug vorn und hinten mit halbelliptischen Längsfedern verbundene Starrachsen. Die Antriebskraft wurde durch eine Kardanwelle auf die Hinterräder übertragen, das Auto erreichte eine Höchstgeschwindigkeit von 160 km/h. Im Jahre 1908 wurden Alessandro Cagno mit diesem Modell elfter und Henry Fournier zwanzigster beim Großen Preis des Automobilklubs von Frankreich.

Itala beteiligte sich intensiv an verschiedenen sportlichen Konkurrenzen und übertrug alle technischen Neuheiten, die die Qualität der Automobile verbessern konnten, auch auf die Alltags-Modelle. Im Jahre 1907 siegte ein Itala auf der 16 000 km langen Strecke Peking—Paris. Der Fahrer war ein italienischer Adliger, Fürst Scipio Borghese.

1913 setzte Itala in ihrem Rennmodell sogar einen Motor mit Drehschiebersteuerung ein. Es zeigte sich aber, daß diese Motoren einer besonders guten Schmierung bedurften und für die extremen Belastungen in den damaligen Rennen nicht geeignet waren. Deshalb fanden die Konstrukteure nach dem Ersten Weltkrieg wieder zur traditionellen Ventilsteuerung zurück. Zum allerletzten Male waren die Itala-Autos bei Rennen im Jahre 1930 zu sehen.

FIAT S.74   1911

Hersteller: Fabbrica Italiana d'Automobili Torino, Turin, Italien

Der erste Große Preis der USA wurde 1908 vom amerikanischen Automobilklub in Savannah organisiert. Daran nahmen die europäischen Marken Fiat, Benz, Renault, Clément-Bayard, De Dietrich und Itala sowie die amerikanischen Marken Acme, Buick, Chadwick, Lozier, National und Simplex teil. Neu war der Einsatz des aufgeladenen Motors im Modell Chadwick Great Six. Sieger wurde Wagner auf Fiat vor Hémery auf Benz. Im folgenden Jahr fand das Rennen nicht statt, und im Jahre 1910 war es wieder eine Angelegenheit der europäischen Marken. Es siegte Davis Bruce-Brown auf Benz vor seinem Teamkollegen Hémery. Bob Burmann auf Buick wurde nur dritter. Der hervorragende Amerikaner Bruce-Brown konnte seinen Erfolg von 1910 auch im Jahre 1911 wiederholen, diesmal aber auf Fiat.

Das Siegermodell Fiat S.74 hatte einen 15-l-Vierzylindermotor, dessen zwei Blöcke in Reihe angeordnet waren. Der große Hubraum errechnete sich aus 150 mm Bohrung und 200 mm Hub. Bei 1600 U/min erreichte der Motor eine Höchstleistung von 140 kW (190 PS). Jeder Zylinder verfügte über vier Ventile. Der Motor hatte eine Zwangsumlauf-Wasserkühlung und eine Niederspannungs-Magnetzündung. Die Übertragung der Antriebskraft vom Motor erfolgte durch eine Mehrscheibenkupplung, ein Vierganggetriebe und Ketten zu den Hinterrädern. Das Fahrzeug hatte zwei mechanische Bremsen — eine am Getriebe und eine an den Hinterrädern. Keine Besonderheit boten die Starrachsen und die Blattfederung. Bei einem Gesamtgewicht von 1500 kg erreichte das Fahrzeug eine Höchstgeschwindigkeit von 165 km/h. Insgesamt nur sieben dieser Fahrzeuge verließen die Tore des Fiat-Werkes.

Fiat war auch der Sieger des Großen Preises von Frankreich im Jahre 1911, der vom regionalen Autoklub in Sarthe organisiert wurde. Auf der Strecke von Le Mans fanden sich nur einige Rennfahrer ein, die zum größten Teil auf älteren Modellen der Jahre 1906 bis 1908 fuhren. Der Siegerwagen, ein 10-l-Fiat mit Hémery am Steuer, stammte aus dem Jahre 1903! Seine Höchstleistung lag bei 44 kW (60 PS) bei 1200 U/min. Das Rennen ging als „Großer Preis der alten Wagen" in die Geschichte ein.

BUGATTI 13   1911

Hersteller: Automobiles E. Bugatti, Molsheim, Frankreich

Aufgrund mangelnden Interesses von seiten der führenden französischen Automobilhersteller schrieb der französische Automobilklub
in den Jahren 1910 und 1911 keinen Großen Preis des A. C. F. aus. Er
gestattete aber die Ausschreibung des Großen Preises von Frankreich
auf der neuerbauten Rennstrecke von Le Mans. Dieses Rennen wurde
vom Automobile Club de la Sarthe organisiert und zugelassen waren
Autos bis 1400 cm^3.

In dieser Klasse siegte ein Automobil, das der außergewöhnliche
begabte Konstrukteur Ettore Bugatti bereits im Jahre 1909 entworfen
hatte, als er als technischer Berater der Firma De Dietrich im Elsaß
tätig war. Der Bugatti 13 hatte einen Vierzylindermotor mit 1327 cm^3
Hubraum (65 mm Bohrung und 100 mm Hub) sowie eine OHC-Ventilsteuerung. Der Zylinderblock mit den Zylinderköpfen war in einem
Stück gegossen. Jeder Zylinder verfügte über zwei senkrecht stehen-
de, von der Nockenwelle gesteuerte Ventile. Die Kurbelwelle lagerte
in drei Gleitlagern. Der Motor leistete maximal 18 kW (25 PS) bei
3 000 U/min. Eine Mehrscheiben-Naßkupplung übertrug das Antriebsmoment vom Motor auf das Vierganggetriebe und über eine
Kardanwelle auf die Hinterachse. Der Stahlrahmen war durch halbelliptische Längsblattfedern gefedert.

Die Rennversion des Typs 13 wurde durch den kurzen Radstand von
2000 mm und eine Spurweite von nur 1150 mm charakterisiert. Das
leichte Fahrgestell hatte zusammen mit der Karosserie nur ein
Gewicht von 310 kg! So konnte der Bugatti eine Höchstgeschwindigkeit von 140 km/h erreichen.

Der Typ 13 wurde erstmals auf dem Pariser Automobilsalon im
Jahre 1910 ausgestellt. Für seine Produktion sowie für weitere
Aufträge anderer Firmen (De Dietrich, Deutz, Hermes) gründete
Bugatti eine eigene Werkstatt in Molsheim. Ernst Friedrich, der den
Bugatti mit der Startnummer 14 erfolgreich ins Ziel brachte, errang
gleichzeitig den zweiten Platz in der Gesamtklassifizierung hinter dem
absoluten Sieger Hémery auf dem 10-l-Fiat.

SUNBEAM   1912

Hersteller: Sunbeam Motor Car Co., Ltd, Wolverhampton, Staffs, Großbritannien

Nach dreijähriger Pause wurde für den 25. und 26. Juni 1912 wieder ein Rennen um den Großen Preis des A. C. F. in Dieppe ausgeschrieben. Im gleichen Jahr, am 9. September, fand auch der Große Preis von Frankreich auf der Rennstrecke von Le Mans statt. Der Große Preis des A. C. F. wurde nach den Regeln der sogenannten freien Formel gefahren, die nur die Gesamtbreite des Automobils auf 1750 mm beschränkte. Erstmals nahm auch die Firma Peugeot an den Grand-Prix-Rennen teil — in beiden Fällen erfolgreich, genau wie beim Rennen des folgenden Jahres. Die Sensation der Grand-Prix-Rennen von 1912 waren aber die englischen Sunbeam-Wagen, die auf der Brooklandsbahn getestet worden waren. Sie wurden in England von dem Franzosen Louis Coatalen konstruiert, der bei Sunbeam gleichzeitig als Chefkonstrukteur, Manager und Rennfahrer tätig war.

Die drei Sunbeam hatten Vierzylindermotoren mit drei Liter Hubraum und erfüllten so die Kriterien des Rennens „Coupe de l'Auto". Das Langhuber-Triebwerk mit 80 mm Bohrung und 148,7 mm Hub leistete 53 kW (72 PS) bei 2800 U/min. Das Stahlchassis trug eine hinten zugespitzte, aerodynamisch günstig gestaltete Karosserie, mit der eine Höchstgeschwindigkeit von 136 km/h möglich war. Die Starrachsen waren an halbelliptischen Blattfedern aufgehängt. Die Bremsen wirkten nur auf die Hinterräder.

Die Autos von Sunbeam mit den Fahrern Rigal, Resta und Médinçer belegten in der Gesamtklassifikation den dritten, vierten und fünften Platz und gleichzeitig die ersten drei Plätze im „Coupe de l'Auto", wobei Rigal den Pokal gewann. Der Große Preis des A. C. F. von 1912 bot technische Besonderheiten an: Zum letzten Mal waren hier Autos mit Kettenantrieb der Hinterachse zu sehen, und erstmals nahmen Autos mit Vierventilmotoren und DOHC-Ventilsteuerung teil.

PEUGEOT   1913

Hersteller: SA des Automobiles et Cycles Peugeot, Audincourt, Frankreich

Die aussichtsreichsten Teilnehmer am Großen Preis des A. C. F. im Jahre 1912 waren Fiat und Peugeot. Fiat war ein Verfechter schwerer Wagen mit hubraumgroßen Motoren, während der Grand-Prix-Neuling Peugeot mehr Wert auf leichte Rennwagen mit guten Fahreigenschaften legte. Das Peugeot-Modell des Jahres 1912 konstruierte der Schweizer Ingenieur Ernest Henry, nach Hinweisen von Rennfahrern. Auffallend war der Motor – erstmals mit DOHC-Ventilsteuerung: Zwei obenliegende Nockenwellen betätigten in jedem Zylinder vier Ventile. Bei 110 mm Bohrung und 200 mm Hub wurde ein Hubraum von 7596 cm³ und eine Leistung von 96 kW (130 PS) bei 2200 U/min erreicht. Infolge des langen Hubs erreichte der Kolben bei der Maximaldrehzahl eine mittlere Geschwindigkeit von fast 14,7 m/s.

Der Große Preis des A. C. F. von 1913 auf der Strecke in Amiens wurde nicht mehr nach der freien Formel ausgetragen. Die Ausschreibung beschränkte den Kraftstoffverbrauch auf 20 l/100 km und das Gewicht auf 800 bis 1100 kg. Vorgeschrieben war eine zweisitzige Karosserie ohne strömungsgünstiges Verdeck sowie ein zylinderförmiger Benzintank von einem Meter Länge hinter den Sitzen. Peugeot setzte Autos ein, die von der Konzeption und vom Aussehen her dem bewährten Modell von 1912 sehr ähnlich waren. Der überarbeitete Motor mit nur noch 100 mm Bohrung und 180 mm Hub hatte jetzt einen Hubraum von 5654 cm³. Wenn auch die Maximalleistung auf 85 kW (115 PS) bei 2500 U/min sank, war die Literleistung nun von 13 kW/l auf 15 kW/l angestiegen. Der Vierventil-Motor hatte ein trockenes Kurbelgehäuse, und die Kurbelwelle lief in Kugellagern. Die magnetelektrische Zündung wurde von Bosch geliefert.

Die Starrachsen waren an halbelliptischen Blattfedern aufgehängt. Beide Bremsen – die Kardanhandbremse und die Backenfußbremse – wirkten nur auf die Hinterräder. Die abnehmbaren Rudge-Whitworth-Räder mit Drahtspeichen, die nicht unwesentlichen Einfluß auf den Erfolg des Fahrzeugs hatten, besaßen die charakteristischen Nasen zum schnellen Lockern und Festziehen der Muttern mit dem Hammer. Das Auto erreichte eine Höchstgeschwindigkeit von 170 km/h, und Boillot hielt damit beim Großen Preis des A.C.F. eine Duchschnittsgeschwindigkeit von 116 km/h. Zweiter wurde sein Teamkollege Goux. Beim Großen Preis von Frankreich in Le Mans starteten sie nicht mehr, da die erfolgreichen Fahrzeuge nach Amerika verkauft worden waren.

MERCEDES 1914

Hersteller: Daimler Motoren Gesellschaft, Stuttgart, Deutschland

Als bedeutendster Grand Prix der Zeit vor dem Ersten Weltkrieg gilt der Große Preis des A. C. F. von 1914, wahrscheinlich wegen seiner großen Teilnehmerzahl: 14 Rennteams brachten 57 Fahrzeuge verschiedener Marken an den Start. Peugeot, Fiat, Mercedes, Sunbeam und Delage, aber auch neue Modelle von Alda, Austin, Aquila Italiana, Nazzaro, Nagant, Opel, Piccard-Pictet, Théo Schneider und Vauxhall waren in Lyon am Start. Für das Rennen 1914 waren die Regeln wieder überarbeitet worden: Nunmehr durfte der Hubraum 4,5 l nicht übersteigen. Gewählt wurde der 37,6 km lange Rundkurs Givors bei Lyon, der zwölfmal zu durchfahren war.

Das deutsche Team bereitete für das Rennen fünf Mercedes mit den Rennfahrern Lautenschlager, Sailer, Salzer, Wagner und Pillette vor. Pillette und vor allem Sailer hatten die Aufgabe, die Konkurrenz zu jagen und zu zermürben. Sailer erfüllte in wilder Fahrt nicht nur seine Aufgabe, sondern fuhr mit 112 km/h gleichzeitig einen neuen Rundenrekord. Es siegte Lautenschlager mit einer Durchschnittsgeschwindigkeit von 105,6 km/h, zweiter wurde Wagner und dritter Salzer.

Der Konstrukteur Paul Daimler verwendete für seinen Mercedes-Wagen Motoren, die von den bewährten OHC-Vierventil-Flugzeugmotoren abgeleitet waren. Sie leisteten maximal 85 kW (115 PS) bei 2800 U/min. Die Zylinder mit 93 mm Bohrung und 165 mm Hub wurden mit größter Sorgfalt als einzelne Schmiedeteile hergestellt. Der Hubraum betrug 4483 cm^3. Die obenliegende Nockenwelle wurde von der Kurbelwelle — die in fünf mit Drucköl geschmierten Gleitlagern lief — über eine Königswelle angetrieben. Die Kraftübertragung erfolgte über eine Mehrlamellenkupplung, ein Vierganggetriebe und ein ungewöhnlich konzipiertes Differential auf die Hinterachse. Es waren eigentlich zwei Kegelgetriebe, jeweils für eine Halbachse, die durch ein Kegeldifferential verbunden waren.

Der Leiterrahmen war zwischen den Achsen durchgebogen, wodurch der Schwerpunkt des 1000 kg schweren Automobils bedeutend tiefer gelegt wurde. Gefedert war es durch halbelliptische Federn. Die mechanischen Bremsen wirkten nur auf die Hinterräder. Dieser Mercedes war das letzte Auto, das mit einem solchen, noch recht unsicheren, Bremssystem bei einem Großen Preis siegte. Die Höchstgeschwindigkeit des Wagens lag bei 180 km/h.

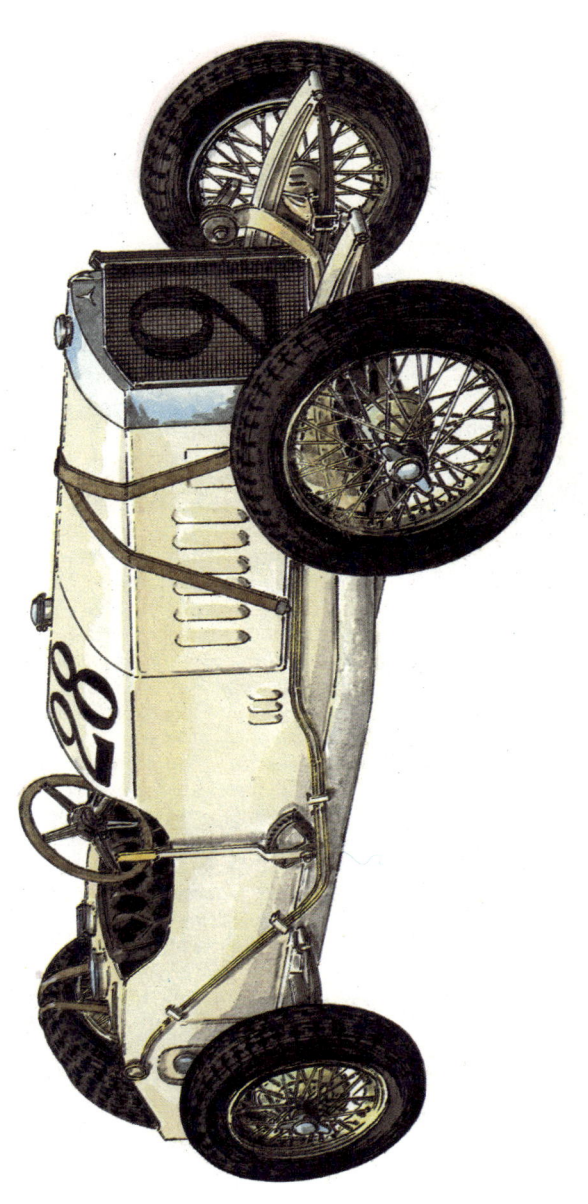

DELAGE 1914

Hersteller: Automobiles Delage Cie, Courbevoie, Seine, Frankreich

Auf den Grand-Prix-Strecken kämpften seit einigen Jahren die Wagen der Marke Delage; zusammen mit Peugeot zählten sie zu den größten Favoriten. Aber immer wieder verhinderte irgendein Umstand den Sieg. Bei einigen Rennen, z. B. beim Großen Preis von Frankreich 1913 in Le Mans (Bablot) oder in Indianapolis 1914 (Thomas), siegten die Delage-Rennwagen. Für den Großen Preis des A. C. F. 1914 wertete Louis Delage die Chancen der Rennwagen auf den Sieg so: „48 Prozent für mich, 48 Prozent für Peugeot und die restlichen 4 Prozent für die anderen Marken einschließlich Mercedes." Wie das Rennen ausging, ist bekannt. Dennoch: Die Delage-Autos bestimmten entscheidend das technische Niveau der Formel-Rennwagen.

Delage mußte 1914 von seinem Hubraum-Riesen (6,25 l) Abschied nehmen und einen kleineren, den Rennbedingungen entsprechenden Motor konstruieren. Der Vierzylinder-Reihenmotor mit zwei obenliegenden Nockenwellen (OHC) hatte jetzt bei 94 mm Bohrung und 160 mm Hub einen Hubraum von 4430 cm^3. Die Höchstleistung von 81 kW (110 PS) wurde bei der für die damalige Technik hohen Drehzahl von 3000 U/min erreicht. Neu war ebenfalls der Einsatz eines Fünfganggetriebes, wodurch die Höchstleistung in einem engen Drehzahlbereich besser genutzt werden konnte.

Delage hielt auch Schritt bei der Einführung von Vierradbremsen und holte damit den Vorsprung der Marken Peugeot, Fiat und Picard-Pictet auf, da diese Bremsen erstmals beim Großen Preis 1914 eingesetzt wurden. Die Perrot-Backenbremsen an den Vorderrädern waren großzügig dimensioniert und erregten vor allem durch die großen Trommeln, die zur besseren Wärmeableitung gerippt waren, Aufmerksamkeit. Das Auto hatte einen Leiterrahmen mit Starrachsen, die an halbelliptischen Federn aufgehängt waren. Es erreichte eine Höchstgeschwindigkeit von 165 km/h. Beim Großen Preis des A. C. F. erzielte Duray eine Durchschnittsgeschwindigkeit von 95,5 km/h.

Da nach diesem Großen Preis der Erste Weltkrieg begann, der für längere Zeit die Veranstaltung von Autorennen in Europa verhinderte, orientierte sich die Entwicklung von Automobilen an anderen Zielen. Grand-Prix-Rennen wurden 1915 und 1916 nur noch in den Vereinigten Staaten ausgetragen, wo die europäischen Marken Peugeot, Delage und Mercedes vertreten waren. Nach dem Kriegseintritt der Amerikaner kam das vorläufige Ende für derartige Rennen.

FIAT S 57/14 B   1914

Hersteller: Fabbrica Italiana d'Automobili Torino, Turin, Italien

Nach einjähriger Pause stand Fiat wieder am Start des Rennens um den Großen Preis des A. C. F. Das völlig neu konzipierte Fahrzeug war mit einer strömungsgünstigen Karosserie versehen. Fiat nutzte den Großen Preis zum Test seiner neuen Modelle und machte sich wenig Hoffnungen auf eine gute Plazierung. Die drei Rennautos wurden von Alessandro Cagno, dem Sieger der ersten Targa Florio von 1906 und den beiden Neulingen Jack Scales und Antonio Fagnano aus der Testabteilung der Firma gefahren.

Auch wenn dieses Modell beim Großen Preis des A. C. F. von 1914 erwartungsgemäß keinen vorderen Platz belegte, so sollte es doch ein erfolgreiches Fahrzeug werden. Die Siege stellten sich nach dem Ersten Weltkrieg ein: Im Jahre 1919 siegte Fernando Minoia in Fanö in Dänemark, Antonio Ascari in Parma, und 1921 errang Graf Giulio Masetti den größten Erfolg, als er die sizilianische Targa Florio gewann. Mit dem bereits sieben Jahre alten Modell fuhr er die beste Durchschnittsgeschwindigkeit − 58,2 km/h!

Der Fiat S 57/14 B wurde von einem Vierzylindermotor mit 4492 cm^3 Hubraum angetrieben. Der Langhuber (100 mm Bohrung mal 143 mm Hub) leistete maximal 99 kW (135 PS) bei 3000 U/min. Ausgerüstet war er mit einem Hochspannungsmagneten von Bosch, einer Wasser- und einer Druckö60lpumpe. Die Antriebskraft wurde über eine Mehrscheibenkupplung und ein Vierganggetriebe auf die starre Hinterachse übertragen. Der Hebel der Gangschaltung befand sich bereits innerhalb der Karosserie, was damals als ungemein fortschrittlich galt. Das klassische Stahlrahmenfahrgestell hatte Blattfedern und mechanische Hartford-Schwingungsstoßdämpfer. Bemerkenswert an diesem Modell waren die erstmals bei Fiat eingesetzten Vorderradbremsen: Die mechanische Servobremse wirkte auf alle vier Rudge-Whitworth-Räder. Das Lenkgetriebe arbeitete mit einem Schneckenrad. Das Auto hatte ein Gesamtgewicht von 1150 kg und erreichte eine Höchstgeschwindigkeit von 145 km/h.

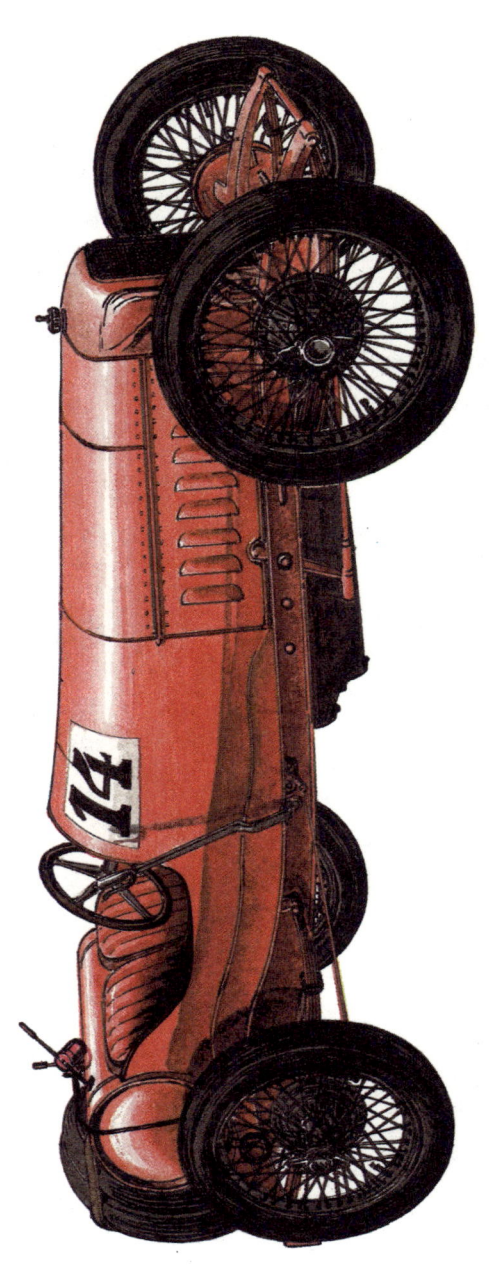

PEUGEOT 1916

Hersteller: SA des Automobiles et Cycles Peugeot, Audincourt, Frankreich

Während der Zeit des Ersten Weltkrieges erfreuten sich in Amerika Rundstreckenrennen größter Beliebtheit, vor allem der Vanderbilt-Cup, der bereits seit 1904 veranstaltet wurde, sowie Rennen auf künstlich angelegten Strecken (Indianapolis). Außerdem existierten viele weitere Motorsport-Wettbewerbe, wie der Astor-Cup, 300 Miles Race und 100 Miles Race. Die Zulassungsbedingungen ermöglichten die Teilnahme der gleichen Wagen an fast allen Rennen.

Ein Star unter den Rennfahrern jener Zeit war der Italiener Dario Resta, der in den Jahren 1915 und 1916 auf Peugeot ein Rennen nach dem anderen gewann. So siegte er 1915 fünfmal (Grand Prix der Vereinigten Staaten, Vanderbilt Cup in Santa Monica und Chicago, 300 Miles Race in Cincinnati, 100 Miles Race in Sheepshead Bay) und einmal war er zweiter (500 Meilen von Indianapolis). Auf den erfolgreichen Peugeot-Rennwagen lagen verschiedene Rennfahrer auch im Jahre 1916 bei allen erwähnten Konkurrenzen auf den vordersten Plätzen. Den Großen Preis der Vereinigten Staaten in diesem Jahr gewann der amerikanische Rennfahrer Howard Wilcox auf diesem Wagen.

Der siegreiche Peugeot war eigentlich noch ein Modell aus dem Jahre 1914. Der Motor begnügte sich mit relativ bescheidenen 4400 cm³ (92 mm Bohrung mal 169 mm Hub), da die Rennformel für dieses Jahr den Hubraum auf maximal 4916 cm³ beschränkt hatte. Der wassergekühlte Vierzylindermotor leistete bei 2800 U/min 82 kW (112 PS). Der Brennraum jedes Zylinders wies zur besseren Füllung zwei Einlaßventile auf, die von zwei obenliegenden Nockenwellen gesteuert wurden.

Unter dem Stahlrahmen waren die an halbelliptischen Blattfedern aufgehängten Starrachsen angeordnet. Der Peugeot hatte an allen vier Rudge-Whitworth-Rädern Trommelbremsen, die hinten und vorn gleich groß dimensioniert waren. Er erreichte eine Höchstgeschwindigkeit von 180 km/h. Zu dieser hohen Geschwindigkeit trug auch die strömungsgünstige Form der Karosserie mit spitz zulaufendem Heck bei, unter welchem sich der große Kraftstofftank und zwei Ersatzräder verbargen. Der Mechanikersitz war weiter nach hinten verschoben als der Fahrersitz. Howard Wilcox siegte auf diesem Peugeot auch im ersten Nachkriegsrennen, den 500 Meilen von Indianapolis von 1919.

DUESENBERG 1921

Hersteller: Duesenberg Motors Co., Inc., Indianapolis, Indiana, USA

Der erste Große Preis des A. C. F. nach dem Ersten Weltkrieg in Le Mans brachte klare Siege für die favorisierten Wagen von Ballot und Duesenberg. Die Rennstrecke von Le Mans mit einer Rundenlänge von 17,26 km mußte 30mal durchfahren werden, was eine Gesamtlänge von rund 518 km ergab. Sieger wurde der Amerikaner Jimmy Murphy auf Duesenberg mit einer Durchschnittsgeschwindigkeit von 125,6 km/h. Dies war der erste Sieg eines amerikanischen Rennfahrers und einer amerikanischen Automarke bei einem europäischen Grand-Prix-Rennen! Die vier Duesenbergs kamen mit technischen Neuheiten nach Europa: Zum erstenmal waren Rennwagen mit Batteriezündung und hydraulischen Bremsen ausgerüstet.

Das Siegerfahrzeug hatte einen 3-l-Achtzylindermotor mit 63,5 mm Bohrung und 117 mm Hub. Die im Zylinderkopf gelagerte Nockenwelle ließ eine Höchstdrehzahl von 5000 U/min zu, doch die Höchstleistung von 85 kW (115 PS) wurde schon bei 4250 U/min erreicht. Die Zylinder hatten bereits abnehmbare Köpfe, in denen sich je drei Ventile befanden: zwei Einlaßventile für einen guten Füllungsgrad und ein dazu in 60-Grad-Winkel angeordnetes Auslaßventil. Die Kurbelwelle aus Chromnickelstahl lief in zwei Gleit- und einem Wälzlager. Zwei Miller-Vergaser führten dem Motor das Kraftstoff-Luftgemisch zu, die Batteriezündung mit Hochspannungsspule kam von der amerikanischen Firma Delaware Electric Light Company (DELCO). Mehrscheibenkupplung und Dreiganggetriebe bildeten mit dem Motor einen Block.

Der flache Stahlrahmen trug die Starrachsen und die halbelliptischen Blattfedern. Die Schwingungsdämpfung wurde durch Hebelreibungsstoßdämpfer gesichert. Im Unterschied zu den europäischen Rennwagen mündete das Auspuffrohr an der rechten Seite der Karosserie, und der Fahrer saß auf der linken Seite. Der Duesenberg wog 1150 kg und erreichte eine Höchstgeschwindigkeit von 160 km/h.

BALLOT 1921

Hersteller: Etablissement Ballot, Paris, Frankreich

An einigen Rennen der ersten Nachkriegsjahre nahmen auch ältere Vierzylindermodelle (Peugeot) mit Erfolg teil. Allgemein aber war der Trend zu leistungsfähigeren Sechs- und Achtzylindermotoren unverkennbar, deren Konstrukteure sich auf die guten Erfahrungen mit Flugzeugmotoren stützten. In dieser Zeit machten die Rennwagen von Ballot auf sich aufmerksam, einer Firma, die zuvor nur Motoren hergestellt hatte. Deren Achtzylindertriebwerke mit DOHC-Ventilsteuerung entstanden durch die Verbindung zweier Vierzylinderblöcke. Diese Konstruktion stammte von Ingenieur Ernest Henry, der bereits durch seine erfolgreichen Motoren für Peugeot bekannt geworden war. Die Ballot-Fahrzeuge wurden mit hohem Kostenaufwand für die 500 Meilen von Indianapolis im Jahre 1919 vorbereitet. Auch wenn René Thomas bei diesem Rennen die schnellste Runde fuhr, belegte doch in der Gesamtwertung der beste Ballot nur Platz 4. Dennoch gehörten die Ballots damals zu den schnellsten Automobilen: Sie erreichten Höchstgeschwindigkeiten von 190 km/h, und sie stellten 1920 und 1921 Rundenrekorde bei vielen Rennen auf.

Am Großen Preis des A. C. F. im Jahre 1921 auf dem Rundkurs von Le Mans nahm der amerikanische Rennfahrer italienischer Abstammung, Ralph de Palma, auf Ballot teil und belegte den zweiten Platz. Das Auto hatte einen Achtzylindermotor mit 65 mm Bohrung und 112 mm Hub, jeder Zylinder verfügte über zwei Einlaß- und zwei Auslaßventile, die von zwei obenliegenden Nockenwellen gesteuert waren. Die beiden Nockenwellen wurden von einem Zahnradsystem angetrieben. Die geteilte Kurbelwelle setzte sich aus vier Segmenten zusammen und lief in fünf Nadellagern. Neu war auch der Einsatz leichter Alluminiumlegierungen für die Kolben. Der 3-l-Motor erreichte eine Höchstleistung von 93 kW (127 PS) bei 3800 U/min.

Das Gemisch wurde von zwei Claudel-Vergasern aufbereitet und von einem Bosch-Magneten gezündet. Die Antriebskraft übertrug eine — inzwischen eigentlich veraltete — Kegelkupplung und ein Vierganggetriebe auf die hintere Starrachse. Die Achsen waren an halbelliptischen Blattfedern aufgehängt und mit Reibungsstoßdämpfern ausgerüstet. In der strömungsgünstig geformten Karosserie fanden auch der Tank und das Reserverad Platz. Das fast 900 kg schwere, mit Servobremsen versehene Fahrzeug erreichte eine Höchstgeschwindigkeit von 180 km/h.

Im Jahre 1921 fand erstmals der Große Preis von Italien in Brescia statt, wo die Ballots die ersten zwei Plätze belegten.

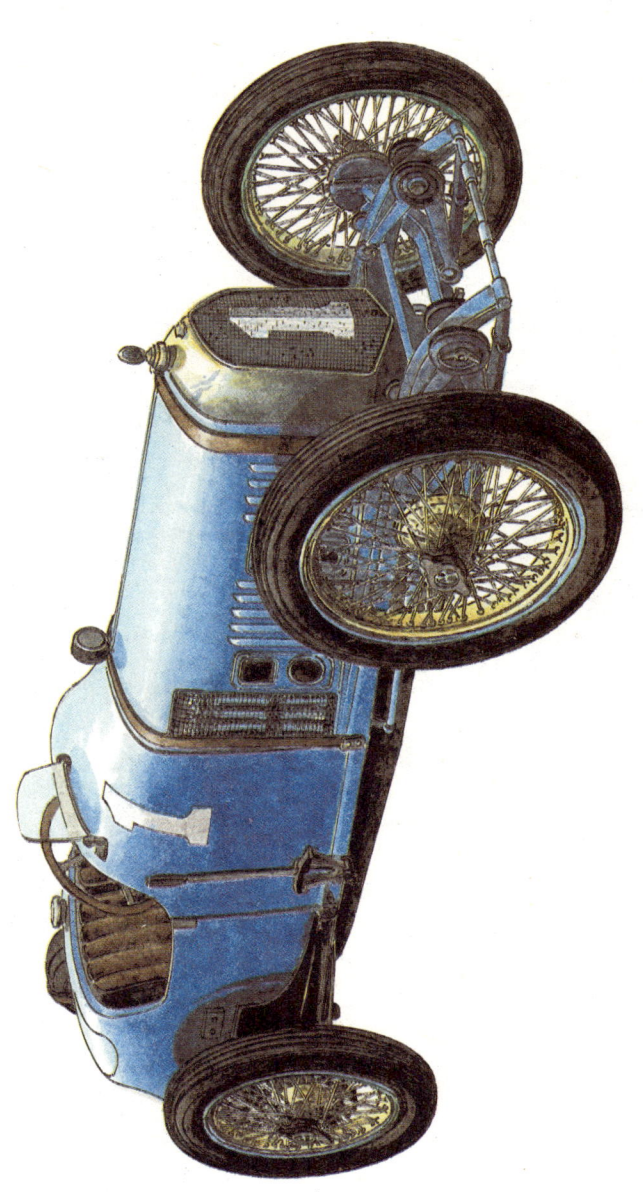

BUGATTI BRESCIA   1921

Hersteller: Automobiles E. Bugatti, Molsheim, Frankreich

In der Nähe des Gardasees in Norditalien liegt die Stadt Brescia, wo am 8. September 1921 das erste italienische Grand-Prix-Rennen stattfand. Neben den Fiats und den Ballots nahmen auch die neuen, nach diesem Veranstaltungsort benannten Bugattis teil. Für die Klasse bis 1500 cm³ bereitete Ettore Bugatti einen Vierzylindermotor mit insgesamt 16 Ventilen vor, der 68 mm Bohrung und 100 mm Hub aufwies. Die Kurbelwelle lief in einem Gleit- und in zwei Wälzlagern. Der Motor mit einem Hubraum von 1453 cm³ verfügte über zwei Bosch-Hochspannungsmagneten und zwei Zenith-Vergaser. In der Rennausführung leistete er 30 kW (40 PS) bei 4500 U/min. Vierganggetriebe und Motor waren in getrennten Gehäusen untergebracht.

Als Fahrgestell setzte Bugatti den bewährten Typ 13 mit dem kurzen 2-Meter-Radstand ein. Die Trommelbremsen an den Hinterrädern wurden manuell über einen Hebel betätigt. Außerdem konnte über ein Fußpedal eine Getriebebremse genutzt werden. Erst das 1926er Bugatti-Brescia-Modell hatte dann auch Vorderradbremsen. Mit dem gefüllten 50-l-Kraftstofftank erreichte das Auto ein Gewicht von 610 kg. Die Höchstgeschwindigkeit lag bei 160 km/h.

Beim Großen Preis von Italien im Jahre 1921 konkurrierten in der Klasse bis 1500 cm³ mit den Fahrern auf Bugatti — Ernest Friderich, Fernando de Vizcaya, Baccoli und Marco — nur Rennfahrer auf italienischen Marken, vier Wagen von OM (Officine Meccaniche), drei von Chiribiri und je ein Restelli und ein S. B. Nicht einmal die Startnummer „13" konnte einen überzeugenden Sieg von Ernest Friderich verhindern, der mit einer Zeit von 2:59:18 Stunden eine Durchschnittsgeschwindigkeit von 115,2 km/h erreichte. Zweiter wurde de Vizcaya, Baccoli und Marco lagen auf dem dritten und vierten Platz. Der Bugatti Brescia nahm noch einige Jahre recht erfolgreich an Rennen teil, 1923 in San Sebastian, 1924 und 1925 in Bologna, in Le Mans und auf der Isle of Man.

FIAT 804   1922

Hersteller: Fiat SpA, Turin, Italien

Fiat bereitete für die Rennsaison 1921 ein völlig neues Auto, den Typ 804 vor. Es war zunächst ein Vierzylindermodell des Konstrukteurs Giulio Cesare Cappa, der das Rennen Poggio di Berceto in Parma gewonnen hatte. Das Fahrzeug trug das neue Firmenzeichen, die von einem Lorbeerkranz umrahmte Aufschrift „Fiat" auf rotem Grund. Für den ersten nationalen Großen Preis am 8. September in Brescia wurde dann in die praktisch unveränderte Karosserie ein neuer Achtzylindermotor mit einer Leistung von 88 kW (120 PS) montiert. Die Zylinder mit den gleichen Abmessungen, wie sie auch Ballot verwendete (65 mm Bohrung mal 112 mm Hub), hatten einen Hubraum von 2973 cm^3. Wegen mechanischer Störungen belegte Bordino auf diesem Wagen hinter zwei Ballots nur den dritten Platz.

Zu durchschlagenden Fiat-Erfolgen kam es erst im nächsten Jahr beim Großen Preis des A. C. F. (16. Juli 1922) in Straßburg und beim Großen Preis von Monza. Zu dieser Zeit wurde wegen der veränderten Formel-Vorschriften (Maximalhubraum 2 l, Mindestgewicht 650 kg) bereits an einem neuen Modell mit der Bezeichnung „804-Corsa" gearbeitet. Beim ersten Massenstart in der Geschichte der Grand-Prix-Rennen saß der Sieger des Großen Preises von 1907 − Felice Nazzaro − am Fiat-Lenkrad. Er siegte gegen achtzehn Fahrzeuge mit einer Durchschnittsgeschwindigkeit von 127,7 km/h.

Der Fiat 804 Corsa hatte einen Sechszylinder-Reihenmotor. Aus 65 mm Bohrung und 100 mm Hub ergab sich der Hubraum von 1991 cm^3. Der Motor mit einem Verdichtungsverhältnis von 7 : 1 leistete 82 kW (112 PS) bei 5000 U/min. Die zwei obenliegenden Nockenwellen wurden von Stirnrädern angetrieben. Die Druckschmierung erfolgte über ein trockenes Kurbelgehäuse mit zwei Behältern für 35 Liter Öl. Eine Mehrscheibenkupplung, ein Vierganggetriebe und eine Gelenkwelle übertrugen die Antriebskraft auf die hintere Starrachse. Die mechanischen Bremsen mit Servounterstützung und Aluminiumbremstrommeln wirkten auf alle vier Rudge-Whitworth-Räder, die Handbremse nur auf die Hinterräder. Federung und Dämpfung bestanden aus Blattfedern und Reibungsstoßdämpfern. Das Auto wog 650 kg und erreichte eine Höchstgeschwindigkeit von 170 km/h. Die schlanke, aerodynamisch günstige Karosserie verdeckte teilweise den Kühler des Motors und den hinten liegenden Kraftstofftank. Pietro Bordino gewann mit diesem Fahrzeug im selben Jahr den Großen Preis von Italien in Monza und fuhr dort die schnellste Runde mit einer Durchschnittsgeschwindigkeit von 146,9 km/h.

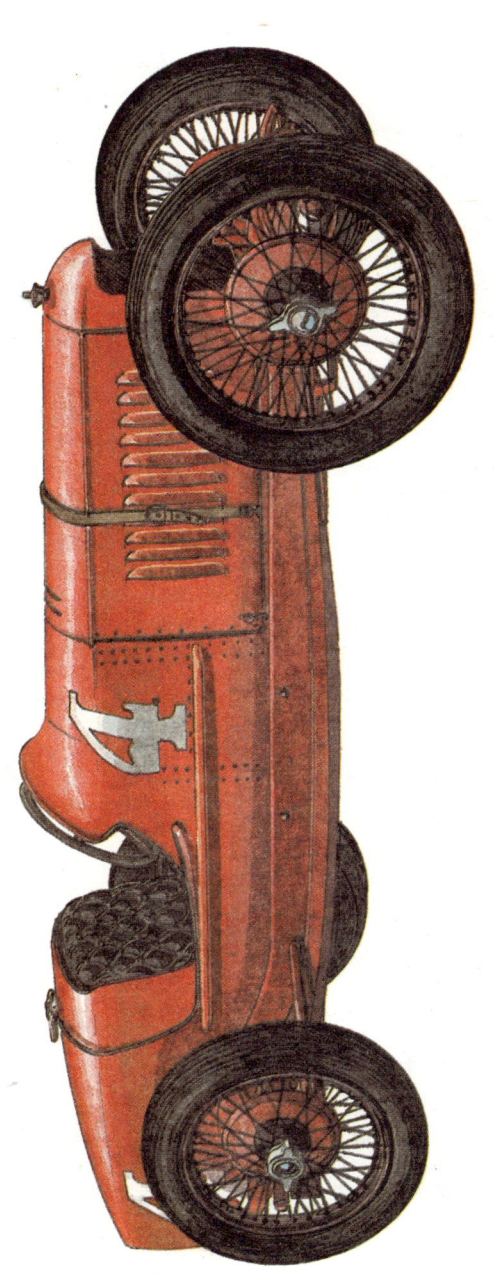

SUNBEAM 1923

Hersteller: Sunbeam Motor Car Co., Ltd, Wolverhampton, Staffs, Großbritannien

1922 trat eine neue Rennformel in Kraft, die das Hubraumvolumen auf zwei Liter beschränkte. Das Problem, aus dem kleinen Hubraum möglichst hohe Leistungen zu holen, lösten die Konstrukteure durch Aufladung der Triebwerke mit Kompressoren. Weil die Fiat-Kompressormodelle von Kinderkrankheiten geplagt waren, konnten 1923 die englischen Sunbeam-Rennwagen den ersten, zweiten und vierten Platz beim Großen Preis des A. C. F. in Tours belegen.

Die in ihrer Konzeption der italienischen Konkurrenz ähnlichen Wagen besaßen Sechszylindermotoren mit 67 mm Bohrung und 94 mm Hub (Hubraum 1988 cm³). Die DOHC-Ventilsteuerung ermöglichte Motordrehzahlen bis 5200 U/min, wobei eine Höchstleistung von 76 kW (103 PS) möglich war. Die Antriebskraft wurde über Mehrscheibenkupplung und Vierganggetriebe mit Hilfe einer Kardanwelle auf die Hinterachse übertragen. Die Starrachsen federte man mit Blattfedern und Reibungsstoßdämpfern. Der Sunbeam mit seiner klassischen, strömungsgünstigen Karosserie wog rund 750 kg und erreichte eine Höchstgeschwindigkeit von 182 km/h.

Major Henry O'Neal de Hane Segrave, später Sir Henry Segrave, war der erste Rennfahrer, der bei einem Großen Preis auf einem englischen Fahrzeug siegte. Auf den anderen Sunbeams kamen der bekannte italienische Fahrer Albert Divo und Kenelm Lee Guiness ins Ziel. Segrave erreichte in 6:35:19,6 Stunden eine Durchschnittsgeschwindigkeit von 121,3 km/h. Erfolgreich war er auch im folgenden Jahr beim Großen Preis von Spanien in San Sebastian, wo er als erster einen Sturzhelm verwendete.

In den folgenden Jahren setzte Sunbeam die gleichen Motoren mit Roots-Kompressoren ein. Damit stieg die Leistung auf 104 kW (142 PS) bei 6000 U/min. Mit der Höchstgeschwindigkeit von 212 km/h wurden die Sunbeams zu den schnellsten Wagen der 2-Liter-Formel. Die Wirkung der Vierrad-Fußbremse wurde durch eine Servobremse verbessert. Die Handbremse verzögerte nur die Hinterräder.

Seinen ersten und einzigen Sieg errang ein Sunbeam mit Kompressor beim Großen Preis von Spanien 1924. Dies war der letzte Sieg eines britischen Fahrers auf einem britischen Auto bis zum Jahre 1957, als Stirling Moss und Tony Brooks auf Vanwall den Großen Preis von England gewannen. Heute steht der damals siegreiche Sunbeam im Museum von Lord Montagu in Beaulieu.

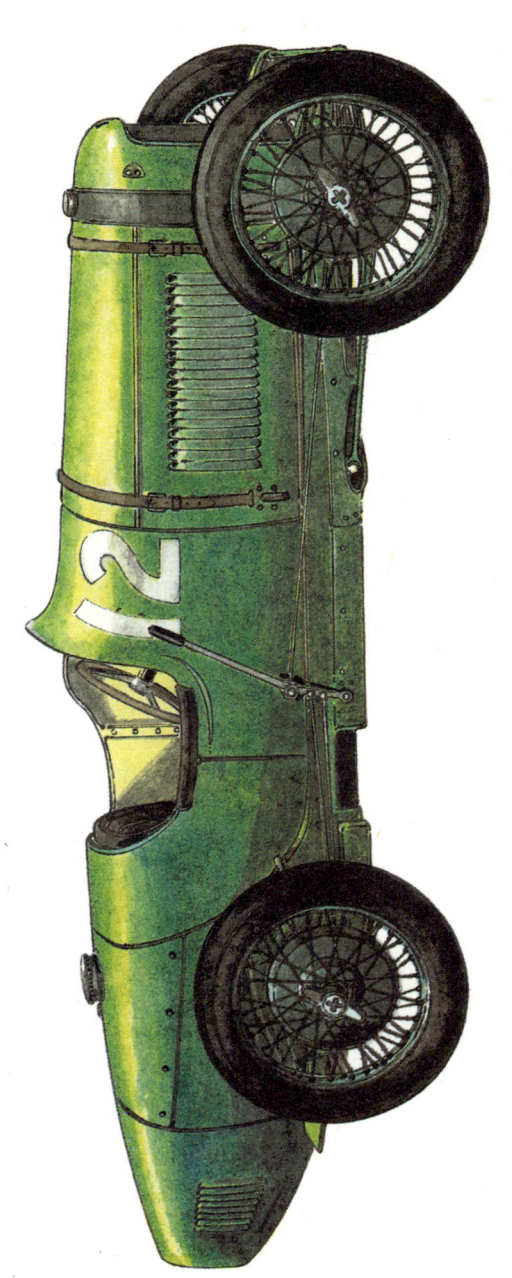

FIAT 805   1923

Hersteller: Fiat SpA, Turin, Italien

Das Grand-Prix-Rennen von Monza im Jahre 1923 wurde als Großer Preis von Europa ausgeschrieben. Von diesem Jahr an erhielten dieses Attribut die bedeutendsten Großen Preise, an denen sich meist die gesamte europäische Rennelite beteiligte. Das Fiat-Werk bereitete sich auf dieses Rennen vor heimischer Kulisse sehr sorgfältig vor. Die störanfälligen Wittig-Rotationskompressoren, erstmals beim Großen Preis des A. C. F. im Fiat 805 eingesetzt, wurden durch Roots-Kompressoren ersetzt. Der hohe, pfeifende Ton, den die Kompressoren erzeugten, war für die Fahrzeuge charakteristisch, die von den bekannten Fahrern Bordino, Nazzaro und Salamano gesteuert wurden. Heldenhaft war die Leistung von Pietro Bordino, der mit gebrochener Hand − die Gänge mußte der Mechaniker schalten − in der ersten Hälfte des Rennes führte und mit der Geschwindigkeit von 158 km/h einen Rundenrekord aufstellte! Sieger wurde jedoch Carlo Salamano in einer Zeit von 5:27:38 Stunden und einer Durchschnittsgeschwindigkeit von 146,5 km/h vor Felice Nazzaro.

Der Fiat 805 hatte einen Achtzylinder-Reihenmotor mit 60 mm Bohrung und 87,5 mm Hub, so daß der Hubraum mit 1979 cm^3 noch unter der vorgeschriebenen 2-Liter-Grenze blieb. Die Motorleistung wurde durch den Roots-Kompressor von bisher 96 kW (130 PS) bei 5500 U/min auf 110 kW (150 PS) bei ebenfalls 5500 U/min gesteigert. Der Kompressor saß unter dem Vergaser, in den er die Luft mit hohem Druck hineinpreßte. Zwei Nockenwellen steuerten die hängenden Ventile im Zylinderkopf.

Mehrscheibenkupplung und Vierganggetriebe brachten die Motorkraft über die Kardanwelle auf die hintere Starrachse. Das Auto hatte Blattfedern, Reibungsstoßdämpfer und Rudge-Whitworth-Räder. Die mechanische Fußbremse mit Bremskraftverstärker wirkte auf alle Räder, während die Handbremse nur die Hinterräder bremste. Das Fahrzeug mit einem tragenden Stahlrahmen war 680 kg schwer und damit der Gewichtsgrenze recht nahe. Es erreichte eine Höchstgeschwindigkeit von 198 km/h. Nach den überzeugenden Erfolgen dieses Modelles war die aus kommerziellen Gesichtspunkten getroffene Entscheidung von Fiat, die Renntätigkeit zu beschränken, nur zu bedauern. Im Jahre 1927 nahm sie zum letzten Mal an einem Grand-Prix-Rennen teil.

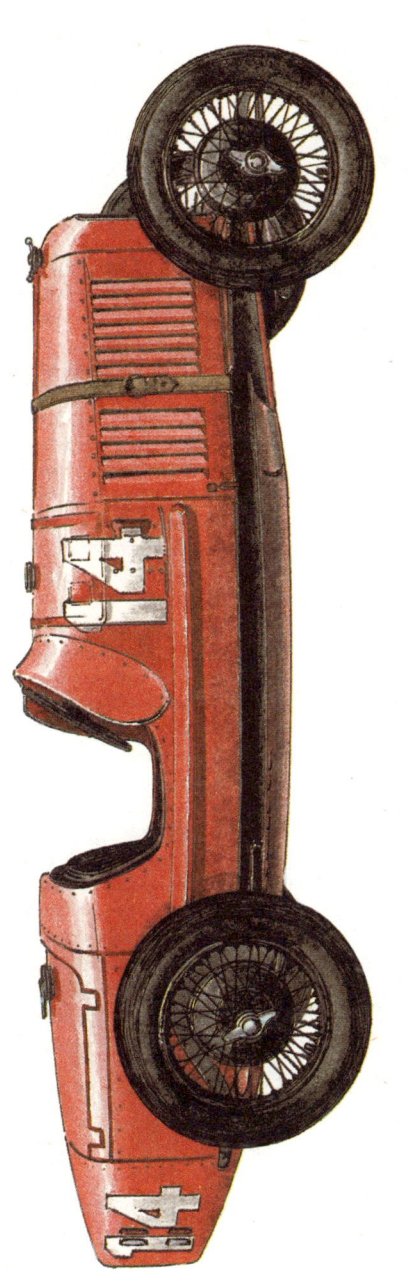

BUGATTI 30 1923

Hersteller: Automobiles E. Bugatti, Molsheim, Frankreich

Der Große Preis des A. C. F. in Tours im Jahre 1923 begann wieder mit einem Massenstart. An der Startlinie waren 17 Fahrzeuge von Bugatti, Delage, Fiat, Rolland-Pilain, Sunbeam und Voisin in Zweier-reihen aufgestellt. Die gesamte Fahrzeugkette bewegte sich in der ausgelosten Reihenfolge hinter einem Motorrad her, das nach dem Überschreiten der Startlinie abbog und so die Strecke für die Rennwagen freigab. Gleich zu Beginn kam es aber zu einer der größten Tragödien in der Geschichte der Großen Preise. Vizcaya auf Bugatti bewältigte die Haarnadelkurve nicht und flog mit hoher Geschwindigkeit von der Strecke, wobei er 15 Zuschauer verletzte. Nur durch ein Wunder kam niemand ums Leben. An dieser Barriere scheiterten auch die Bugatti-Fahrer Marco und de Cystria.

Der Bugatti 30 erweckte auf Grund der strömungsgünstigen, hinten spitz zulaufenden Karosserie einen recht ungewohnten Eindruck: Man warf ihm schlechte Stabilität vor. Seine Form erinnerte eher an einen Panzer als an ein Auto, und so bekam das Versuchsmodell Ettore Bugattis diesen Spitznamen. Der dritte Platz des Rennfahrers Friedrich, für den man vor der Haupttribüne mit dem elektrischen Zeitmesser „Fluxmeter" eine Geschwindigkeit von 183 km/h ablas, zeugt aber von den guten Eigenschaften dieser originellen Konstruktion.

Der Bugatti 30 hatte einen Achtzylinder-Reihenmotor, der aus dem Zusammenbau zweier Vierzylindermotoren entstanden war. Der Nockenwellenantrieb wurde von der Mitte der Kurbelwelle durch eine senkrechte Verteilerwelle bewerkstelligt. Damit erreichte man einen besonders ruhigen Lauf der gesamten Steuerung selbst bei hohen Drehzahlen. Der 2 Liter große Hubraum errechnete sich aus 60 mm Bohrung und 88 mm Hub. Die Leistung von 56 kW (76 PS) wurde bei 3500 U/min erreicht.

Die ersten Rennerfolge, noch mit der ursprünglichen zigarrenförmi-gen Karosserie, konnten diese Autos beim Großen Preis des A. C. F. in Straßburg erzielen, als Pierre de Vizcaya und Marco den zweiten und dritten Platz belegten.

BENZ 1923

Hersteller: Rheinische Automobil- und Motorenfabrik Benz & Cie., Mannheim, Deutschland

Die Sensation des Großen Preises von Europa im Jahre 1923 in Monza wurde der originelle Rennwagen des Mannheimer Unternehmens Benz. Wegen seiner stromlinienförmigen Karosserie auch „Benz-Tropfenwagen" genannt, sah er nicht nur ganz anders aus als die gewohnten Rennwagenkonstruktionen. Das tatsächlich Originelle und Fortschrittliche an diesem Modell bestand in der Anordnung des Motors vor der Hinterachse, so wie es auch heute bei modernen Rennwagen zu finden ist. Bemerkenswert war auch die Konstruktion der Hinterradaufhängung, wobei erstmals bei Grand-Prix-Autos Schwinghalbachsen eingesetzt wurden. Der „Benz-Tropfenwagen" basierte auf einem Patent von Prof. Ing. Dr. Edmund Rumpler, einem bekannten Automobil- und Flugzeugkonstrukteur jener Zeit. Sein Einfluß zeigt sich in der Karosserie dieses Wagens, dessen Konstrukteur Max Wagner war.

Der „Benz-Tropfenwagen" hatte einen Sechszylinder-Reihenmotor mit 1992 cm³ Hubraum (65 mm Bohrung mal 100 mm Hub). Sein Nachteil war die im Vergleich zu anderen Autos geringere Motorleistung von nur 59 kW (80 PS) bei 4000 U/min. Der Motor mit einer DOHC-Ventilsteuerung hatte zwei Vergaser. Kupplung und Viergang-getriebe waren zusammen mit dem Motor in einem Block zusammengefaßt. Vorne lag noch immer eine blattgefederte Starrachse. Das Auto erreichte maximal 170 km/h und nahm erstmals 1923 am Großen Preis in Monza teil und bewies die Vorteile der Motoranordnung vor der Hinterachse. Die Fahrer Fernando Minoia und Franz Hörner belegten den vierten und fünften Platz hinter den Kompressorwagen von Fiat und dem amerikanischen Miller. In den folgenden Jahren, bis zur Fusion mit Daimler 1926, war Benz vor allem bei deutschen Rennen erfolgreich.

ALFA ROMEO P2   1924

Hersteller: SA Italiana Ing. Nicola Romeo & C., Mailand, Italien

Es gab wohl kaum einen eindrucksvolleren Einstieg in die Grand-Prix-Rennszene als den der italienischen Marke Alfa Romeo. Diese Wagen fuhren gleich bei ihrem ersten Großen Preis ganz nach vorne und Alfa Romeo löste die erfolgreichen Fiat ab, die in diesen Jahren ähnlich wie die Sunbeam unwiderruflich von den Rennstrecken zu verschwinden begannen. Seine Premiere feierte der P2 beim Großen Preis von Europa im französischen Lyon. Alfa Romeo hatte zwar das Rennmodell P1 bereits für den Großen Preis von Italien vorbereitet, aber nach dem tragischen Unfall des Fahrers Ugo Sivocci wurde der Start noch vor dem Rennen abgesagt. Der neue Typ P2 hatte einen Achtzylinder-Reihenmotor mit Kompressor. Die geschmiedeten Stahlzylinder mit 61 mm Bohrung und 85 mm Hub befanden sich paarweise in vier Blöcken. Der Hubraum betrug insgesamt 1987 cm^3. Die in den Wälzlagern laufende Kurbelwelle trieb an ihrem vorderen Ende einen Roots-Kompressor an, der Luft in den Vergaser preßte. Je nach Anzahl der Vergaser und der angewandten Veränderungen erhöhte sich die Motorleistung von 99 kW (134 PS) bei 5200 U/min (senkrechter Memini-Vergaser) über 107 kW (145 PS) bei 5500 U/min (Memini-Doppelvergaser) bis auf 129 kW (175 PS) im Jahre 1930, als der Typ P2 zum letztenmal beim Rennen auf dem Masaryk-Ring in der Tschechoslowakei startete.

Zwei obenliegende Nockenwellen steuerten die Einlaß- und Auslaßventile, die zueinander im Winkel von 104 Grad standen. Die Zündung des Gemisches besorgte ein Hochspannungsmagnet. Mehrscheiben-Trockenkupplung und Vierganggetriebe waren in einem Block mit dem Motor zusammengefügt. Die mechanisch betätigte Fuß- und Handbremse wirkte auf alle Räder. Der Kraftstofftank im zugespitzten Heck der Karosserie hatte ein Volumen von 145 Liter. Das Auto wog 1020 kg und erreichte eine Höchstgeschwindigkeit von 217 km/h. Insgesamt wurden sechs Fahrzeuge dieses Typs hergestellt.

Der Alfa Romeo P2 war einer der erfolgreichsten Rennwagen der 20er Jahre. Den ersten Sieg damit errang Alberto Ascari im italienischen Cremona. Überzeugend war auch der Sieg von Campari in Lyon. Ascari kam damals zwar nicht ins Ziel, siegte aber dafür beim Großen Preis von Italien in Monza vor Wagner, Campari und Minoia. Das Jahr 1924 stand also ganz im Zeichen der Marke Alfa Romeo.

DELAGE 12-Z   1925

Hersteller: Automobiles Delage, Courbevoie, Seine, Frankreich

Im Jahre 1925 ging die Ära der in den Grand-Prix-Rennwagen mitfahrenden Mechaniker zu Ende. Von nun an war der Fahrer allein auf seine eigenen Fähigkeiten angewiesen. Er hatte niemanden mehr, der ihm Öl nachfüllte, während des Motorlaufes die Zündung korrigierte oder kleine Störungen während des Rennens behob. In jenem Jahr wurde auch zum erstenmal ein neues Grand-Prix-Rennen in Spa in Belgien gefahren, das die stolze Bezeichnung Großer Preis von Europa trug. Zu den Favoriten gehörten auch Alfa Romeo und Delage.

Die Firma Delage gehörte zu den Pionieren der Zwölfzylinder-Rennmotoren, die sie zum erstenmal beim Großen Preis des A. C. F. in Lyon 1924 erfolgreich einsetzte: Sie belegten den zweiten und dritten Platz. Die mit V-Motoren nach der Konstruktion von M. Planchon ausgerüsteten Wagen leisteten maximal 85 kW (116 PS) bei 6200 U/min.

Für die zu Ende gehende 2-Liter-Formel rüstete Delage die technisch komplizierten Zwölfzylindermotoren (1992 cm^3 Hubraum) mit zwei Roots-Kompressoren aus. Dadurch stieg die Maximalleistung auf 129 bis 140 kW (175 bis 190 PS) bei 6800 U/min. Die V-förmig angeordneten Zylinderblöcke hatten je zwei obenliegende Nockenwellen, die von der Kurbelwelle über Zahnräder angetrieben wurden. Die Ventile standen im Winkel von 100 Grad zueinander, sieben Wälzlager hatten die Kurbelwelle aufgenommen. Jeder Zylinderblock verfügte über zwei Vergaser und einen Hochspannungsmagneten. Eine Mehrscheibenkupplung und ein Vierganggetriebe übertrugen das Antriebsmoment auf das Differential, das an der hinteren Starrachse saß. Der Rennwagen wog 1070 kg und erreichte die respektable Höchstgeschwindigkeit von 210 km/h.

Während sich die Delage-Wagen beim Großen Preis von Belgien wegen Problemen mit den Ventilen nicht durchsetzen konnten, überzeugten sie klar beim Großen Preis des A. C. F. auf der neuen Strecke von Montlhéry, Robert Benoist und Albert Divo sowie Louis Wagner und Torchy teilten sich die ersten Plätze. Erlaubt war, daß sich die Rennfahrer auf mehr als 700 km langen Strecken und bei einer Fahrzeit von mehr als fünf Stunden abwechselten. Noch deutlicher war der Sieg der Delages beim Großen Preis von Spanien, wo nacheinander Divo (Durchschnitt 123,5 km/h), Benoist und René Thomas ins Ziel einliefen.

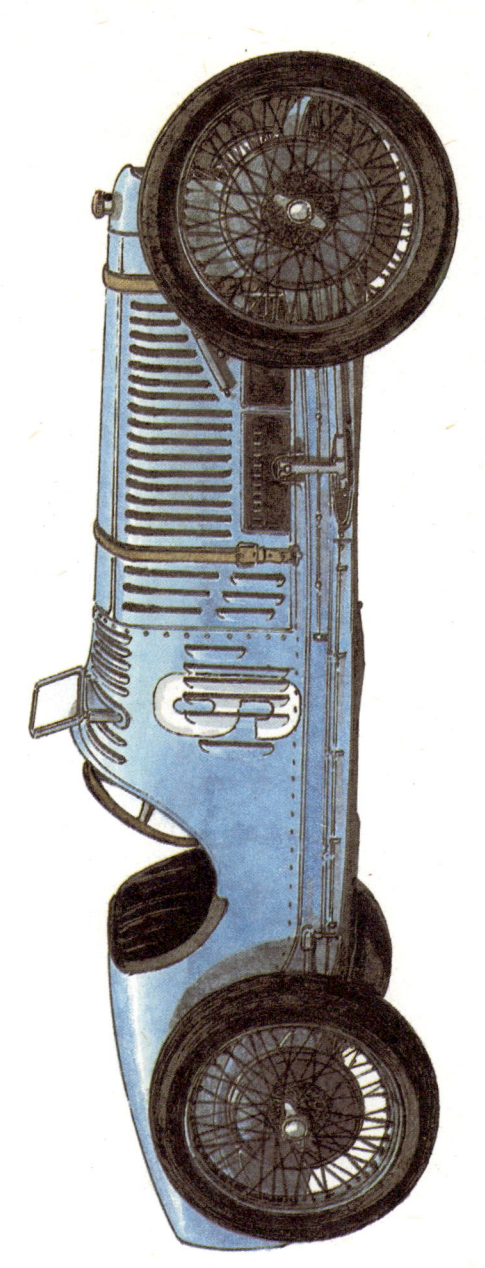

BUGATTI 39 A   1926

Hersteller: Automobiles E. Bugatti, Molsheim, Frankreich

Im Jahre 1926 trat die lang vorbereitete neue Formel in Kraft. Sie beschränkte den Motorhubraum auf 1500 cm^3 und das Mindestgewicht auf 600 kg. Sie ließ zweisitzige Karosserien, aber keinen Mitfahrer mehr zu. Ziel dieser Vorschriften war eine Begrenzung der Renngeschwindigkeiten, auf die man viele Unfälle zurückführte. Die Konstrukteure griffen in ihrem Bemühen um bestmögliche Leistung wiederum zur Aufladung der Motoren. Auch Ettore Bugatti beschritt nach jahrelangem Zögern diesen Weg.

Für die Grand-Prix-Rennen des Jahres 1926 änderte Bugatti den 2-Liter-Motor des Typs 35 (60 mm Bohrung mal 88 mm Hub) durch Reduzierung des Hubraumes auf 1493 cm^3 (52 mm Bohrung mal 88 mm Hub) und den Einbau eines Kompressors. Der Motor bestand nach wie vor aus zwei Blöcken zu je vier Zylindern. Der nicht abnehmbare Zylinderkopf besaß oben noch einen Teil mit der obenliegenden Nockenwelle. Jeder Zylinder verfügte über zwei Einlaßventile und ein Auslaßventil. Die aus acht Segmenten zusammengesetzte Kurbelwelle lief in zwei Nadel- und drei Kugellagern. Die Kurbelbolzen drehten sich in Wälzlagern. Der von zwei Vergasern gespeiste Motor leistete maximal 88 kW (120 PS) bei 5500 U/min und ließ eine Höchstdrehzahl von 7000 U/min zu.

Eine Halbfliehkraft-Lamellenkupplung und ein Vierganggetriebe spezieller Konstruktion übertrugen die Antriebskraft. Die geschmiedete vordere Starrachse war an halbelliptischen Blattfedern aufgehängt. Die hinteren viertellelliptischen Federn hatte Bugatti umgekehrt montiert, sie waren also mit ihrem stärkeren Ende am Rahmen hinter der Achse befestigt. Bei der Aufnahme der Längstriebkräfte halfen schräge Gleitstangen, und ein modernes Fahrwerkselement waren die in einem Stück mit den Bremstrommeln gegossenen Räder, wodurch beim Radwechsel auch die Kontrolle der Bremsbeläge erleichtert wurde. Die mechanischen Bremsen mit automatischer Spieleinstellung wirkten auf alle vier Räder. Das 890 kg schwere Auto erreichte eine Höchstgeschwindigkeit von 185 km/h. Die Bugattis siegten 1926 bei drei von insgesamt fünf Großen Preisen. Bei schwacher Konkurrenz gewann Jules Goux mit einem Durchschnitt von 109,8 km/h sowohl beim Großen Preis von Frankreich in Miramas als auch beim Großen Preis von Europa in San Sebastian (112,6 km/h). Den dritten Sieg für Bugatti errang der Privatfahrer Jean Charavel — der unter dem Pseudonym „Sabipa" fuhr — beim Großen Preis von Italien in Monza mit durchschnittlich 137,4 km/h.

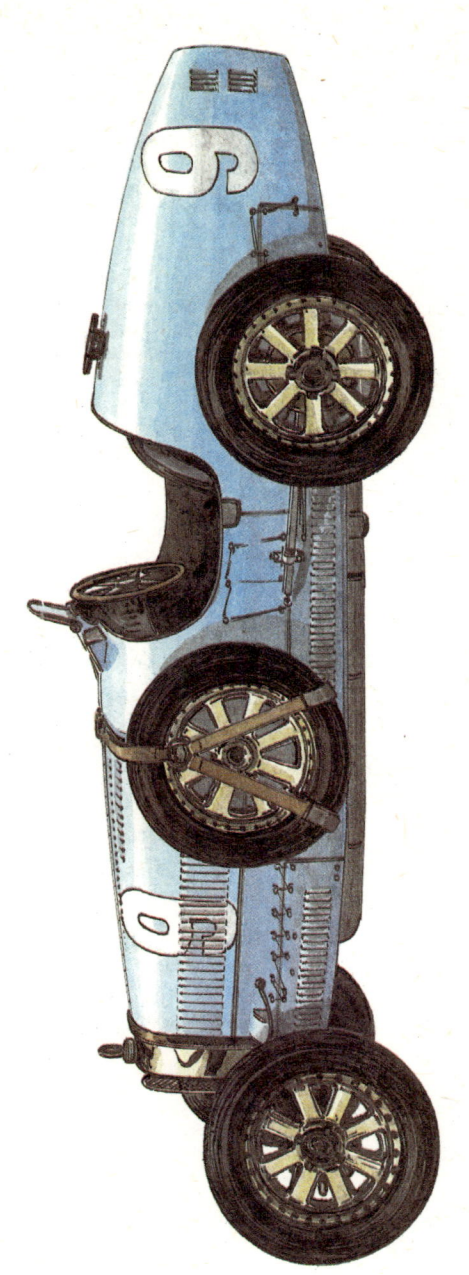

MERCEDES 1926

Hersteller: Daimler Motoren Gesellschaft, Stuttgart, Deutschland

Erfahrungen mit aufgeladenen Motoren hatte man auch bei Daimler in Cannstatt bei Stuttgart. Der ursprüngliche Wittig-Rotations-Flügelkompressor, bei dem Schmierungsprobleme auftraten, wurde in den Mercedes-Rennwagen durch einen Zweikolben-Rotationskompressor ersetzt, der als Roots-Kompressor bekannt wurde. Der so ausgerüstete Sechszylindermotor mit 7250 cm^3 Hubraum wurde zur Antriebseinheit des Mercedes 28/95 PS, der 1921 das Coppa-Florio-Rennen gewann. Dies war der erste Sieg eines Autos mit aufgeladenem Motor in Europa.

1923 übernahm Ferdinand Porsche, der vorher bei der österreichischen Firma Austro-Daimler tätig war, die Leitung der technischen Abteilung von Daimler. Zu dieser Zeit setzte Mercedes bei Rennen vierzylindrige 2-Liter-Motoren von Paul Daimler ein, die bei 4500 U/min 88 kW (120 PS) hervorbrachten. Autos mit solchen Motoren erreichten Geschwindigkeiten von 185 km/h.

Für den Großen Preis von Italien in Monza Ende 1924 bereitete Porsche einen völlig neuen Achtzylindermotor vor. Mit 61,7 mm Bohrung und 82,8 mm Hub hatte er einen Hubraum von 1980 cm^3. Zwei obenliegende Nockenwellen steuerten insgesamt 32 Ventile. Der aufgeladene Motor brachte bei 7000 U/min eine Leistung von 118 kW (160 PS). Das Auto erreichte damit eine Höchstgeschwindigkeit von über 210 km/h. Leider blieb die Qualität des Fahrgestells weit hinter der des Motors zurück.

Anfangs waren bei den Rennen noch Autos mit Vierzylindermotoren erfolgreicher. Doch Porsches moderne Konstruktion eines leichten Achtzylindermotors setzte sich erstmals 1926 auf der Avus durch. Der Regenspezialist Rudolf Caracciola gewann diesen ersten Großen Preis von Deutschland und erreichte dabei eine Durchschnittsgeschwindigkeit von 135,1 km/h.

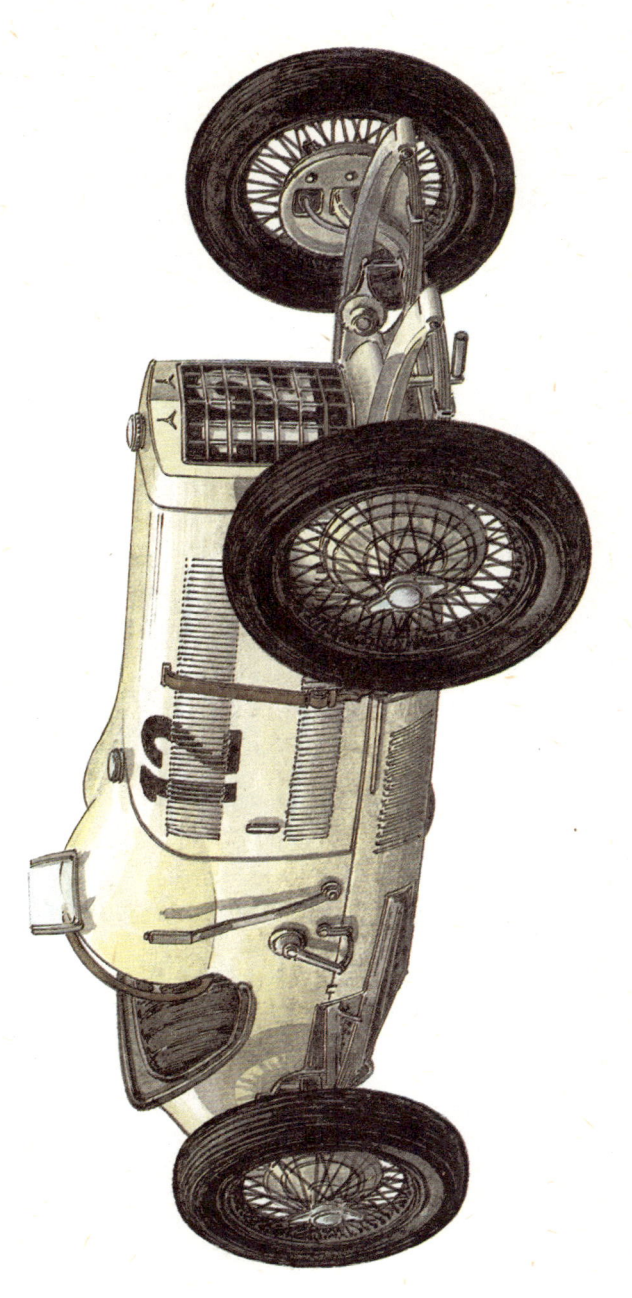

MILLER 1,5 L   1927

Hersteller: Harry Miller, Los Angeles, Kalifornien, USA

Harry Armenius Miller gründete 1925 eine Firma in Los Angeles, die sich anfangs auf die Herstellung von Vergasern spezialisierte, später Achtzylinder-Peugeot-Motoren und seit Anfang der 20er Jahre komplette Fahrzeuge montierte. Diese zeichneten sich durch solide Konstruktion und hohe Preise aus. Ein heckgetriebenes Fahrzeug kostete 10 000 Dollar, in der Ausführung mit Vorderradantrieb 15 000 Dollar.

Im Jahre 1925 belegten in Monza beim Großen Preis von Europa Pete Kreis und Cooper auf einem der beiden eingesetzten Miller-Wagen den dritten Platz. Der Achtzylinder-Reihenmotor mit 1478 cm^3 Hubraum war aus zwei Vierzylinderblöcken mit 55,5 mm Bohrung und 76,2 mm Hub zusammengesetzt. Die fünffach gelagerte Kurbelwelle lief in einem trockenen Kurbelgehäuse und trieb über Zahnräder zwei obenliegende Nockenwellen an. Auf jeden Zylinderkopf entfielen vier Ventile. Das hintere Ende der Kurbelwelle trieb über eine Übersetzung von 5 : 1 einen Fliehkraftkompressor (bei Vollast 40 000 U/min) an, der mit einem Druck von 200 kPa das Gemisch in die vier Miller-Doppelvergaser preßte. Der Motor leistete maximal 133 kW (154 PS) bei 8000 U/min. Nach konstruktiven Änderungen am Motor und beim Einsatz einer Alkoholmischung als Kraftstoff stieg die Leistung des Motors auf 185 kW (252 PS) bei ebenfalls 8000 U/min an.

Ungewöhnlich und in der Geschichte der Grand-Prix-Wagen einmalig geblieben ist der Vorderradantrieb des Miller-Rennwagens: Die Antriebskraft gelangte über eine Mehrscheiben-Naßkupplung und ein Dreiganggetriebe zur vorderen De-Dion-Achse. Der Stahlrahmen war vorn durch halbelliptische, hinten durch geteilte, viertelelliptische Längsfedern mit Reibungsstoßdämpfern gefedert. Die auf alle vier Räder wirkende hydraulische Bremse war für europäische Verhältnisse jedoch unterdimensioniert. Der Miller startete vor allem auf dem Ovalkurs von Indianapolis, wo die Bremsen erst nach dem Ziel-Einlauf gebraucht wurden. Die einsitzige Karosserie aus Aluminium trug ihren Teil zum geringen Gewicht von nur 635 kg bei. Mit Reifen von Firestone Speedway erreichte das Auto eine Höchstgeschwindigkeit von 252 km/h.

Die Firma Miller, die 1932 in finanzielle Schwierigkeiten geriet, ging dann an Fred Offenhauser. Dessen Motoren, die den Spitznamen ,,Offy'' bekamen, errangen später fast ein Monopol beim populärsten aller amerikanischen Rennen, den 500 Meilen von Indianapolis.

DELAGE 8-Z 1927

Hersteller: Automobiles Delage, Courbevoie, Seine, Frankreich

Der Delage, dessen Konstruktion 1926 noch nicht ganz ausgereift war, wurde zum erfolgreichsten Rennwagen des Jahres 1927. Der ursprüngliche Achtzylindermotor mit einer DOHC-Ventilsteuerung von Albert Lory leistete 121 kW (165 PS) bei 6000 U/min. Da aufgrund des neuen Reglements der Platz für den Beifahrer in diesem Zweisitzer frei bleiben mußte, nutzte der Konstrukteur den Raum für die Unterbringung des Getriebes. Das Fahrgestell konnte jetzt gesenkt und der Luftwiderstand verringert werden. Die flache Karosserie des Delage verkörperte damit den Beginn einer neuen Ära im Rennwagenbau.

Das für die Saison 1927 gebaute Modell hatte einen stärkeren Motor mit einer Höchstleistung von 125 kW (170 PS) bei 8000 U/min. Der Achtzylinder-Reihenmotor mit 55,8 mm Bohrung und 76 mm Hub hatte einen Hubraum von 1484 cm^3. Das Kraftstoff-Luftgemisch wurde von zwei Kompressoren mit einem Druck von 150 kPa aus vier Vergasern in die Zylinder gepreßt. Die beweglichen Teile wurden über eine Vielzahl von Zahnrädern angetrieben und liefen in Wälzlagern, von denen sich allein im Motor 48 Stück befanden. Das Zahnradsystem am vorderen Kurbelwellenende bewegte die Pumpe, die Roots-Kompressoren und zwei obenliegende Nockenwellen. Der Bosch-Hochspannungsmagnet hatte einen aus sieben Zahnrädern bestehenden Antrieb.

Die Antriebskraft des Motors wurde asymmetrisch zur Fahrzeuglängsachse übertragen: Die Kardanwelle, die mit dem exzentrisch gelagerten Verteilergetriebe verbunden war, verlief neben dem tiefer gelegten Fahrersitz. Die Vorderradaufhängung bestand aus halbelliptischen Längsblattfedern mit Hebelreibungsstoßdämpfern. Die mechanischen Bremsen mit Bremskraftverstärker wirkten auf alle Räder. Das 980 kg wiegende Auto erreichte 205 km/h.

Das Delage-Team mit den Fahrern Benoist, Bourlier, Morel und Divo siegte in jenem Jahr 1927 bei vier von fünf Großen Preisen. Robert Benoist, der viermal den Siegerkranz errang, nahm als einziger Delage-Fahrer auch am Großen Preis von Europa teil, wo er mit einer Durchschnittsgeschwindigkeit von 144 km/h souverän Sieger wurde. Dies war gleichzeitig das Ende der offiziellen Beteiligung von Delage-Wagen an Grand-Prix-Rennen. Die Firma stellte auch den Bau von Rennwagen gänzlich ein, und Louis Delage verkaufte alle seine Wettbewerbsfahrzeuge an Privatfahrer, die damit noch bis zum Ende der 40er Jahre erfolgreich waren.

FIAT 806 1927

Hersteller: Fiat SpA, Turin, Italien

Das neue Grand-Prix-Reglement beschränkte den Hubraum der Motoren auf 1,5 Liter, und entsprechend bereitete die Rennabteilung der Firma Fiat ihr neues Modell 806 Corsa vor. Dessen Zwölfzylindermotor bestand aus zwei nebeneinander liegenden Reihen-Sechszylindern. Mit 50 mm Bohrung und 63 mm Hub wurde ein Hubraum von 1484 cm³ erreicht. Die OHC-Ventilsteuerung übernahmen drei obenliegende Nockenwellen, die von der Kurbelwelle aus über Zahnräder angetrieben wurden. Zwei Roots-Kompressoren preßten die Ansaugluft in die Vergaser. Der Motor allein wog 173 kg und leistete 138 kW (187 PS) bei 8500 U/min, und das immerhin schon im Jahre 1927. Die Antriebskraft brachten eine Mehrscheibenkupplung und ein Vierganggetriebe auf die Hinterachse. Der Schaltknüppel lag rechts vom Fahrer in der Mitte des Cockpits. Beide Starrachsen waren durch Längsblattfedern mit mechanischen Hebelreibungsdämpfern gefedert. Die mechanische Servofußbremse wirkte auf die Bremsbacken aller vier Räder. Die Bodenfreiheit des Fahrgestells betrug 140 mm, und der Radstand wurde mit 2400 mm gemessen.

Der Fiat 806 Corsa war der erste einsitzige Rennwagen und somit der erste echte Monoposto, der bei einem europäischen Großen Preis eingesetzt wurde. Mit einem Gewicht von nur 700 kg erreichte er eine Höchstgeschwindigkeit von rund 240 km/h!

Der 806 Corsa war jedoch der letzte Grand-Prix-Wagen von Fiat. Es hieß, er sei ohne die offizielle Zustimmung der Unternehmensleitung gebaut worden, und Generaldirektor Agnelli habe erst nach dem Sieg von Pietro Bordino beim Großen Preis von Mailand in Monza von seiner Existenz erfahren. Ungeachtet dieses Sieges zeigte sich, daß in dem von Vaglienti konstruierten Fahrzeug noch nicht alle technischen Probleme vollends gelöst waren – besonders was Kühlung und Schmierung des Motors betraf. Zumindest im Hinblick auf die Grand-Prix-Technik war dies nun für Fiat kein Thema mehr: Die ständig steigenden Forschungs- und Entwicklungskosten veranlaßten das italienische Unternehmen, sich aus dem Rennwagenbau zurückzuziehen.

MERCEDES-BENZ SS 1928

Hersteller: Daimler-Benz AG, Stuttgart, Deutschland

Die Saison 1928 und der Große Preis von Europa in Monza standen ganz im Zeichen der Marke Bugatti. Bei diesem Rennen kam es zu einem Unfall, der zu den tragischsten Ereignissen in der Geschichte der Grand-Prix-Rennen zählt. Der italienische Fahrer Materassi verlor die Herrschaft über seinen Talbot und raste in die Zuschauermenge. 22 Menschen wurden getötet. Im gleichen Jahr fand aber noch ein anderer Großer Preis statt — der Große Preis von Deutschland auf dem Nürburgring. Hier nahmen erstmals Mercedes-Benz-SS-Rennwagen teil, die eindrucksvoll die ersten drei und den fünften Platz belegten. Am Steuer des Siegerwagens saßen Rudolf Caracciola und Christian Werner, die eine Durchschnittsgeschwindigkeit von 103,2 km/h erreichten. Zweiter war der Sieger des Vorjahres, Otto Merz und dritter wurde Willy Walb.

Nach der Fusion von Daimler und Benz war 1926 der erste Sportwagen mit der neuen Bezeichnung Mercedes-Benz entstanden, der Typ K. Er bildete die Grundlage für eine ganze Reihe von Fahrzeugen, die als die Typen S, SS, SSK und SSKL bezeichnet und von denen zwischen 1928 und 1934 insgesamt 300 Exemplare hergestellt wurden. Der Typ S, mit dem Merz im Jahre 1927 den Großen Preis von Deutschland auf dem Nürburgring gewann, hatte einen Sechszylindermotor mit OHC-Ventilsteuerung und einen Hubraum von 6789 cm^3. Er leistete 88 kW (120 PS) und mit Aufladung 133 kW (180 PS).

Im Jahre 1928 wurde dann der Typ SS mit dem 7065-cm^3-Motor konstruiert. Die Bohrung war von 98 auf 100 mm vergrößert worden, während der Hub unverändert bei 150 mm blieb. Der Sechszylinder mit Kompressor erreichte eine Höchstleistung von 147 kW (200 PS) bei 3000 U/min. Das Flachrahmen-Fahrgestell war mit Starrachsen und Längsblattfedern versehen. Angeboten wurden die verschiedensten Karosserieaufbauten. Das Auto erreichte eine Höchstgeschwindigkeit von 190 km/h.

Im Jahre 1926 verließ Ferdinand Porsche die Konstruktionsabteilung von Daimler-Benz. In der Folgezeit hatte der Konstrukteur Hans Nivel entscheidenden Einfluß auf die weitere Entwicklung in Stuttgart. Damals waren die Mercedes SS auch häufig im Besitz von Privatfahrern, deshalb nahmen an den Rennen unterschiedlichste SS-Versionen teil, Tourenwagen mit viersitziger Karosserie, Sportwagen und natürlich auch spezielle Grand-Prix-Rennversionen.

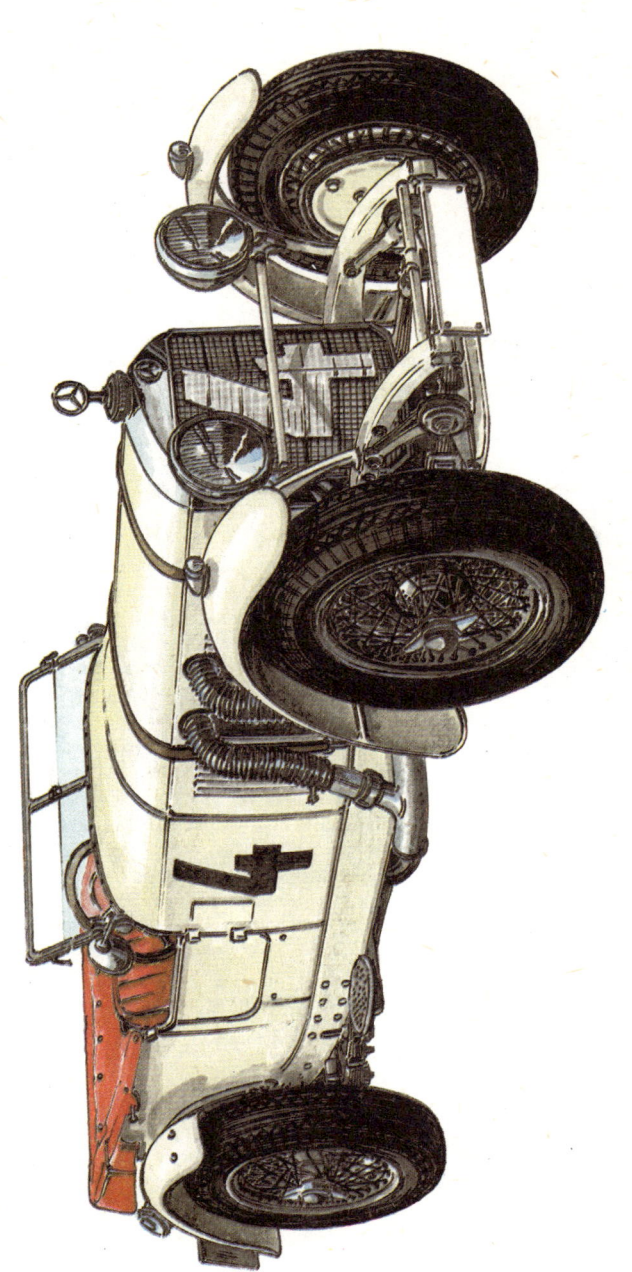

BUGATTI 35 B   1929

Hersteller: Automobiles E. Bugatti, Molsheim, Frankreich

Der Bugatti 35 war in den 20er Jahren der Inbegriff des erfolgreichen Rennwagens. Die Geschichte dieses Autos reicht bis ins Jahr 1924 zurück, als für den Großen Preis von Frankreich ein völlig neues Fahrgestell entwickelt wurde, das mit dem 2-Liter-Achtzylindermotor aus dem Typ 30 bestückt wurde. Dieses Fahrgestell bewährte sich so gut, daß es im Laufe der Jahre kaum verändert werden mußte. Um so größer war die Zahl der zum Einsatz kommenden Motoren. Beispielsweise entstand im Jahre 1926 durch die Verlängerung des Hubs auf 100 mm ein neuer Motor mit 2,3 Liter Hubraum, der nach seiner Montage in das 35er Fahrgestell die Bezeichnung 35 T erhielt. Der Buchstabe ,,T'' (für ,,Targa'') signalisierte den Einsatz beim Targa-Florio-Rennen. Meo Constantini auf Bugatti 35 T gewann 1926 dieses Rennen, das bereits nach der freien Formel gefahren wurde. Der noch im gleichen Jahr durch einen Kompressor leistungsgesteigerte Typ 35 T erhielt ursprünglich die Bezeichnung 35 TC. Aber später wurde er in den Firmenkatalogen als Typ 35 B geführt.

Da das Rennreglement in den Jahren 1926 bis 1930 den Hubraum auf höchstens 1,5 Liter begrenzte, konnte der Typ 35 B mit seinem 2,3-Liter-Triebwerk nur noch bei Rennen der freien Formel eingesetzt werden. Zum ersten Male war er im Jahre 1927 erfolgreich, als Emilio Materassi den Großen Preis von San Sebastian in Spanien gewann. Im Jahre 1928 wurde Louis Chiron unter den Bugatti-Fahrern zur Nummer Eins. Mit dem Typ 35 B gewann er den Großen Preis von Rom und den Großen Preis von Marne, und mit dem Typ 35 C — der 2-Liter-Version des 35 B — auch den spanischen und den italienischen Grand Prix. Ein Jahr später war am Steuer des Bugatti 35 B William Williams erfolgreich, der sich zusammen mit Chiron (auf dem Typ 35 C) den größten Teil der Großen Preise jener Saison teilte. Von 1911 bis 1945 war Bugatti mehr als 2000mal unter den Siegern!

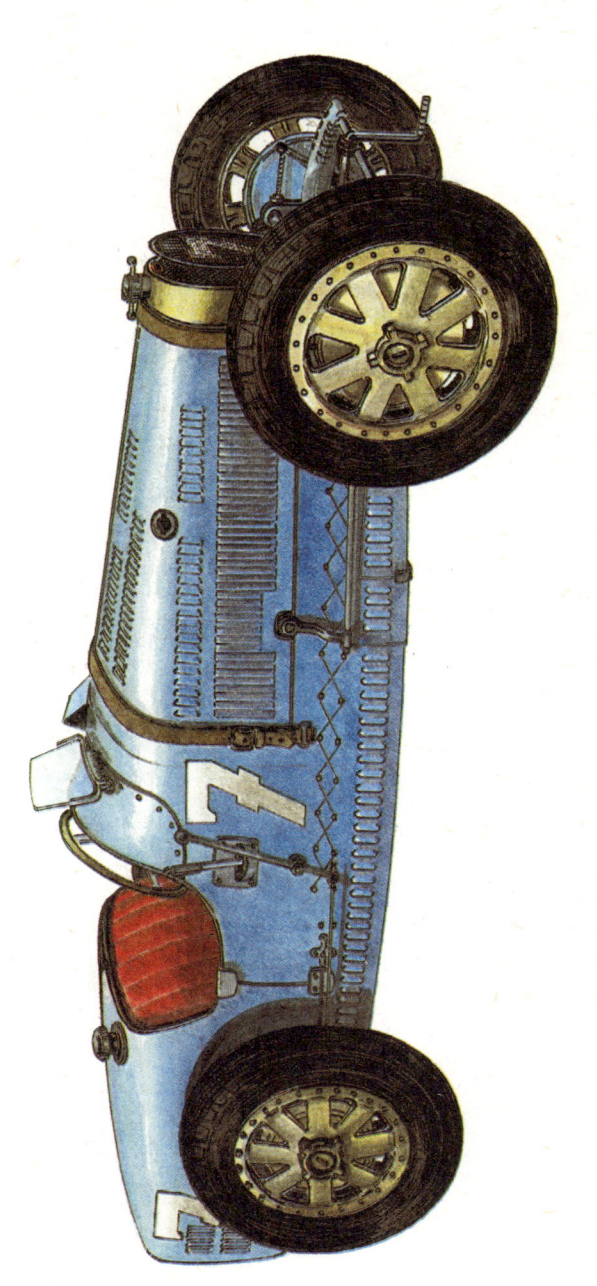

MERCEDES-BENZ SSK   1930

Hersteller: Daimler-Benz AG, Stuttgart, Deutschland

Auch wenn das Jahr 1930 ganz im Zeichen der Bugatti-Siege stand, setzte sich doch Mercedes-Benz mit dem Typ SSK beim Großen Preis von Irland durch: Rudolf Caracciola — der dieses schwere, leistungs-starke Automobil meisterhaft beherrschte — siegte mit einer Durchschnittsgeschwindigkeit von 139,0 km/h.

Der Typ SSK entstand 1928 und wurde bereits ein Jahr später an Privatfahrer verkauft. Anfangs startete der SSK erfolgreich bei Bergrennen, aber von 1929 an, als der Typ SS fast nur noch mit Tourenwagenkarosserie hergestellt wurde, nahm der SSK auch an Grand-Prix-Rennen teil. Im Vergleich zum Typ SS hatte er einen von 3400 mm auf 2950 mm verkürzten Radstand. Daher stammt auch die Bezeichnung SSK (Super, Sport, kurz). Die Leistung des Sechszylin-dermotors mit 7065 cm^3 Hubraum (100 mm Bohrung mal 150 mm Hub) stieg von anfänglich 125 kW (170 PS) [166 kW (225 PS)] im Jahre 1928 auf 139 kW (180 PS) [184 kW (250 PS)] im Jahre 1929, und im Jahre 1930 erreichte die Werksversion sogar 177 kW (240 PS) bei 2900 U/min [221 kW (300 PS) bei 3400 U/min]. Die Angaben in den eckigen Klammern gelten für die Kompressormotoren. Das maximale Dreh-moment von beinahe unglaublichen 700 Newtonmeter erreichte der Motor schon bei 2000 U/min.

Je nach Einsatzart und Strecke wurden verschiedene Getriebe in der Antriebsachse eingesetzt und die Übersetzung im Hauptgetriebe entsprechend geändert. Die jeweils möglichen Höchstgeschwindig-keiten lagen bei rund 235 km/h. Der Luftwiderstand konnte durch das Abklappen der Scheinwerfer oder völligen Demontage auch der Kotflügel verringert werden. So änderte sich auch die Beschleuni-gung von 0 auf 100 km/h auf Zeiten zwischen 10 bis 18 Sekunden.

In den Jahren 1929 und 1931 war Rudolf Caracciola der erfolg-reichste Fahrer des SSK, der 1929 im Großen Preis von Monaco zweiter wurde und in der britischen Tourist Trophy 1929 sowie auch beim GP von Irland 1930 siegte. 1931 wurde Caracciola auf Mercedes SSK Sieger bei der Mille Miglia und durchbrach damit als erster Ausländer bei diesem Rennen die Phalanx der italienischen Fahrer. Caracciola startete zusammen mit seinem Mechaniker Wilhelm Sebatian als letzter von 200 Teilnehmern und legte die 1639,7 km lange Strecke auf Landstraßen quer durch Italien in einer neuen Rekordzeit von 100,5 km/h zurück. Von Brescia nach Bologna erreich-te er sogar 154 km/h! 1931 gewann Caracciola auch mehrere Bergrennen und wurde europäischer Bergmeister.

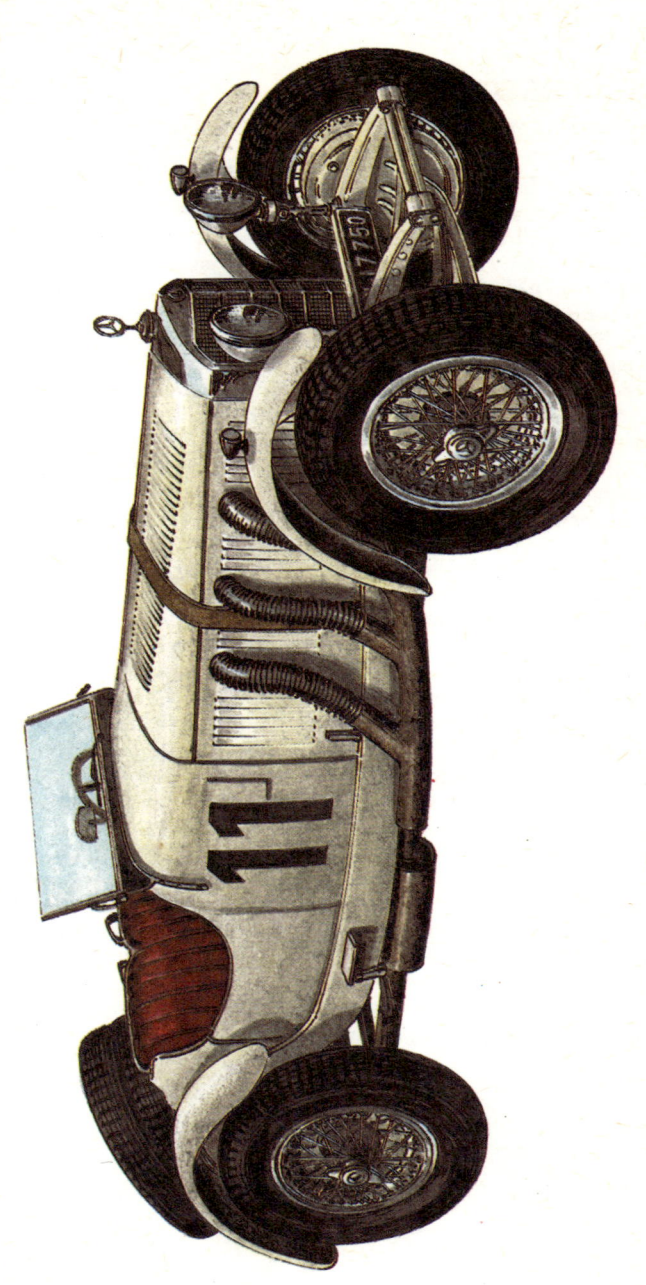

MASERATI 8C-3000 1930

Hersteller: Officine Alfieri Maserati SpA, Bologna, Italien

Der 7. September 1930 war ein historischer Tag für die kleine Firma Maserati. Beim Großen Preis von Monza belegten Achille Varzi, Ernesto Maserati und Luigi Arcangeli die ersten drei Plätze auf Wagen dieser Marke.

Der Betrieb der Gebrüder Maserati in Bologna war kein Neuling in der Rennwagenherstellung. Bereits nach dem Ersten Weltkrieg lieferten sie Motoren an die Firmen Isotta Fraschini, Hispano Suiza und Diatto. Das erste Auto mit dem Namen Maserati entstand 1926 und wurde als Typ 26 bezeichnet. Chef der Firma Officine Alfieri Maserati SpA wurde Alfieri Maserati, ein hervorragender Rennfahrer und Konstrukteur. Sein Bruder Ernesto war ebenfalls Rennfahrer. Er siegte 1927 auf einem stärkenen, als Typ 26 B bezeichneten Wagen beim Großen Preis von Tripolis.

Grundlage für den erfolgreichen Typ 8C-3000 war das Modell 8C-2500, das 1929 entstanden war. Der ursprüngliche Motor mit 2,5 Liter Hubraum wurde vergrößert und erreichte mit 69 mm Bohrung und 100 mm Hub einen Gesamthubraum von 2991 cm³. Bemerkenswert an dem Triebwerk mit demontierbarem Zylinderkopf war die präzise Bearbeitung der Kontaktflächen, so daß man ohne die sonst übliche Dichtung zwischen Zylinderkopf und -block auskam. Der DOHC-gesteuerte Achtzylinder-Reihenmotor wog 182 kg und leistete 169 kW (230 PS) bei 5500 U/min. Mit 750 kg Leergewicht und einer Höchstgeschwindigkeit von 240 km/h wurde der zweisitzige Maserati zum schnellsten Grand-Prix-Wagen. Die Federung der vorderen und hinteren Starrachsen, auf denen Rudge-Whitworth-Räder der Dimension 5,50 × 19 saßen, hatten Längsblattfedern übernommen.

Das Modell 8C-3000 war 1930 auch beim Großen Preis von Spanien erfolgreich, als Achille Varzi auf der Strecke von Lasarte in San Sebastian mit einer Durchschnittsgeschwindigkeit von 137,7 km/h siegte. Als zweiter kam ein von Graf Aymo Maggi gefahrener Maserati ins Ziel. Dieses Fahrzeug fuhr auch Giuseppe Campari, der damit 1932 den Großen Preis von Lyon und ein Jahr später den Großen Preis von Frankreich in Montlhéry gewann.

ALFA ROMEO P2   1930

Hersteller: SA Alfa Romeo, Mailand, Italien

Nur wenigen Rennwagen ist es gelungen, ihre technische Überlegenheit über mehrere Jahre aufrecht zu erhalten. Im Falle des P2 spannt sich die Reihe der Siege von 1924 bis 1930. Zu den größten Triumphen zählen der Große Preis von Europa in Spa 1925 (Sieger Antonio Ascari mit durchschnittlich 120 km/h, zweiter Giuseppe Campari), der Große Preis von Italien in Monza 1925 (Sieger Graf Gastone Brilli-Péri mit durchschnittlich 152,5 km/h, zweiter Giuseppe Campari), und der Große Preis von Italien in Monza 1928, als Achille Varzi den zweiten Platz errang. Varzi verbesserte ein Jahr später seine Position, als er vor heimischem Publikum beim Großen Preis in Monza überlegen siegte. Die letzte Saison für den modifizierten Typ P2 war das Jahr 1930: Beim Grand Prix von Monza wurde Baconin Borzacchini zweiter, und in Brünn − beim letzten Großen Preis, an dem dieser Alfa Romeo teilnahm − belegte Tazio Nuvolari den dritten Platz.

Das 1924er Grundmodell wurde für die Saison 1930 unter der Ägide des genialen Konstrukteurs Vittorio Jano in einigen Details verändert. Die Zylinderbohrung des Motors wurde auf 61,5 mm vergrößert, wodurch beim gleichbleibenden Hub von 85 mm ein Hubraum von 2006 cm^3 entstand. Durch eine höhere Verdichtung erreichte der Motor nun eine Leistung von 129 kW (175 PS) bei 5500 U/min. Außerdem erhielt er einen neuen, geneigten Kühler mit größerer Stirnfläche, die nicht mehr, − wie noch beim 1924er Typ − durch die Kühlerhaube verdeckt wurde.

Die größten Veränderungen bezogen sich auf das Fahrgestell und besonders auf beide Achsen. Die verbreiterten Starrachsen hatten nun vorn und hinten die gleiche Spurweite. Die halbelliptischen Blattfedern befanden sich außerhalb der Grundfläche der Karosserie und waren durch einen Querstabilisator verbunden. Viele Teile des Fahrgestells wurden vom erfolgreichen Alfa Romeo − Sportmodell 6C 1750 übernommen.

Ungewöhnlich war die Unterbringung des Reserverads, das den hinteren, spitz zulaufenden Teil der Karosserie längssymmetrisch teilte. Dadurch wurde der im Heck befindliche Kraftstofftank etwas kleiner. Die neue Formel ließ keinen Beifahrer mehr zu, und in dem Rennwagen erinnerte nur noch sein Sitz an ihn.

BENTLEY 4,5 L   1930

Hersteller: Bentley Motors Ltd, Cricklewood, London, Großbritannien

Die Marke Bentley hat unter den Grand-Prix-Rennwagen einen eigenartigen Klang, wird sie doch meist im Zusammenhang mit dem Rennen von Le Mans erwähnt. Dort war sie in den Jahren 1927 bis 1930 mehrfach hintereinander souverän erfolgreich.

Trotzdem sind viele Experten der Meinung, daß einer der bemerkenswertesten Bentley-Erfolge der zweite Platz beim Großen Preis des A. C .F. im Jahre 1930 war. Es zeugte vom großen Vertrauen in die ungewöhnlichen Eigenschaften dieses Wagens — der eher ein Touren- oder Sportwagen denn ein reinrassiges Rennauto war — daß Sir Henry Birkin seinen viersitzigen Bentley mit 4,5-Liter-Kompressormotor zum Rennen in Pau anmeldete. Auf dem Weg von England in die Pyrenäen demontierte Birkin Kotflügel und Scheinwerfer und stellte seinen schweren, unhandlichen Bentley am Start der 395,875 km langen Strecke mitten zwischen die Bugatti, Delage, Peugeot und andere renommierte Grand-Prix-Marken. Unter den Fahrern befand sich die gesamte europäische Elite mit Chiron, Graf Czaykowski, Senéchal, Sabipa und Wimille. Um so überraschender war dann der zweite Platz von Sir Birkin auf Bentley hinter dem Sieger „Phi-Phi" Etancelin auf Bugatti 35 B.

Der unerwartet erfolgreiche Bentley hatte einen Vierzylinder-OHC-Motor mit 100 mm Bohrung und 140 mm Hub. Der sehr elastische Motor mit zwei Vergasern erreichte eine Höchstleistung von 92 kW (125 PS) bei 3500 U/min. Der vor dem Kühler über der Vorderachse befindliche und von der Kurbelwelle angetriebene Roots-Kompressor ermöglichte eine Leistungssteigerung des Motors auf 177 kW (240 PS) bei 4200 U/min. Die obenliegende Nockenwelle trieb eine senkrechte Welle an und steuerte insgesamt 16 Ventile. Die Duplex-Zündung mit zwei Zündkerzen pro Zylinder nutzte als Energiequelle zwei Hochspannungsmagneten. Die Antriebskraft wurde über eine Einscheibentrockenkupplung und ein Vierganggetriebe auf die Hinterachse übertragen. Der starre Stahlrahmen war wegen des verhältnismäßig hoch liegenden Wagenschwerpunktes mit sehr hart ausgelegten Längsblattfedern verbunden. Die Schwingungsdämpfung besorgten mächtige Hebelreibungsstoßdämpfer. Das fahrfertige Auto wog immerhin 2000 kg und es erreichte eine Höchstgeschwindigkeit von 210 km/h.

BUGATTI 51 1931

Hersteller: Automobiles E. Bugatti, Molsheim, Frankreich

Erstmals erschien der Typ Bugatti 51 im Jahre 1931, es war ein mehr oder weniger modernisierter Typ 35 B. Die größten Veränderungen erfuhr der Motor, dessen acht Zylinder – unter Beibehaltung des ursprünglichen Hubraumes von 2,3 Liter – in einem Block gegossen waren. Die zwei obenliegenden Nockenwellen steuerten selbsttätig die Einlaß- und Auslaßventile. Angetrieben wurden die Nockenwellen von der Kurbelwelle aus über ein System von Stirnrädern, der Winkel zwischen den Ventilen betrug 90 Grad. Da in den Pleuelstangen Wälzlager eingesetzt wurden, mußte die Kurbelwelle geteilt werden. Der Roots-Kompressor preßte die Luft mit einem Druck von 166 kPa in die Zenith-Vergaser. Der Motor brachte eine Höchstleistung von 140 kW (190 PS) bei 5200 U/min. In der Version A mit einem Hubraum von 1492 cm^2 erreichte er 103 kW (140 PS), und in der Version 51 C leistete er 118 kW (160 PS) bei einem Hubraum von 1990 cm^3.

Äußerlich unterschied sich der Typ 51 vom Typ 35 durch mächtigere Räder der Größe 29 × 5,00 und durch zwei Füllstutzen für den Kraftstoff. Das Auto hatte ein Gewicht von etwa 750 kg und die Höchstgeschwindigkeit lag bei 230 km/h. Insgesamt wurden von 1931 bis 1935 40 Fahrzeuge des Typs 51 gefertigt. Die letzten Modelle hatten Motoren mit 2,8 Liter Hubraum.

Am erfolgreichsten auf diesem Bugatti-Rennwagen waren Louis Chiron und Achille Varzi. Chiron gewann 1931 den Großen Preis von Monaco mit einer Durchschnittsgeschwindigkeit von 86,5 km/h. Varzi war damals dritter. Beim Großen Preis von Tunis in Karthago wurde er dann Sieger. Und beide holten sich gemeinsam den Großen Preis des A. C. F. in Montlhéry, wo sie sich während des Zehnstundenrennens am Steuer ablösten und eine Durchschnittsgeschwindigkeit von 125,1 km/h herausfuhren. Beim Großen Preis von Deutschland auf dem Nürburgring kamen Chiron als zweiter und Varzi als dritter ins Ziel. Bemerkenswert war auch der Sieg von Chiron auf dem Masaryk-Ring in Brünn in der Tschechoslowakei, wo er eine Durchschnittsgeschwindigkeit von 117,9 km/h herausfuhr.

Der Bugatti 51 siegte souverän auch in den folgenden Jahren bei den Großen Preisen in Rom, Monaco, Monza, in der Tschechoslowakei und in Dieppe. Der Typ 51 gilt – zusammen mit Typ 35 – zu Recht als einer der erfolgreichsten Rennwagen aus Molsheim.

MERCEDES-BENZ SSKL 1931

Hersteller: Daimler-Benz AG, Stuttgart, Deutschland

Die Mercedes S, SS und SSK wurden als Tourensportfahrzeuge gebaut und waren für Fahrer bestimmt, die damit hin und wieder an Wettbewerben oder Rennen teilnehmen wollten. Als Basis für die unterschiedlichen Ausführungen diente das komplette Fahrgestell mit dem Motor, auf das dann je nach Kundenwunsch verschiedene Karosserien, zum Beispiel vom Typ Roadster oder Kabriolett, montiert wurden.

1930 entstand die Leichtbauversion des Typs SSK mit gelochten Rahmenlängsträgern. Damit sank das Gewicht des Fahrgestells auf etwa 1000 kg.

Der Typ mit der Bezeichnung SSKL (Super, Sport, kurz, leicht) war ausschließlich für Rennfahrer des Werks-Teams bestimmt und unverkäuflich. Deshalb verkürzten private Eigentümer die Fahrgestelle ihrer SS-Typen und bohrten Löcher in den Rahmen. Der Unterschied zu den echten Leichtbauversionen bestand darin, daß beim SSKL die Ränder der Bohrlöcher durch eine Kante verstärkt waren, die beim Pressen des Längsrahmens entstand. Insgesamt wurden nur sechs dieser SSKL hergestellt! Sie hatten eine Motorleistung von 221 kW (300 PS) und erreichten eine Geschwindigkeit von 250 km/h. Die Beherrschung des SSKL-Rennwagens mit seinem Kompressormotor, der durch schnelleres Niederdrücken des Gaspedals betätigt wurde, erforderte eine meisterhafte Fahrtechnik. Allerdings stieg beim Einsatz des Kompressors auch der Kraftstoffverbrauch stark, deshalb hatten die SSKL-Modelle einen zusätzlichen Tank an Bord.

Rudolf Caracciola wurde am besten mit dem stark untersteuernden Auto fertig, dessen schwergängige Schaltung und wenig wirksame Bremsen den ganzen fahrerischen Einsatz verlangten. Er gewann mit dem SSKL den Großen Preis von Deutschland auf dem Nürburgring 1930 und das Avus-Rennen von 1931. Nachdem Caracciola zu Alfa Romeo gewechselt war, tauchte im Jahre 1932 der junge, ehrgeizige Rennfahrer Mannfred von Brauchitsch mit dem Mercedes SSKL beim Avus-Rennen auf. Auf dem Fahrgestell seines SSKL saß eine ungewöhnlich strömungsgünstige Aluminiumkarosserie, die Freiherr von Koenig-Fachsenfeld nach Messungen im Windkanal der Firma Zeppelin entworfen hatte. Im Avus-Rennen errang Brauchitsch den ersten Platz mit einer Durchschnittsgeschwindigkeit von 194,4 km/h und stellte damit einen neuen Streckenrekord auf.

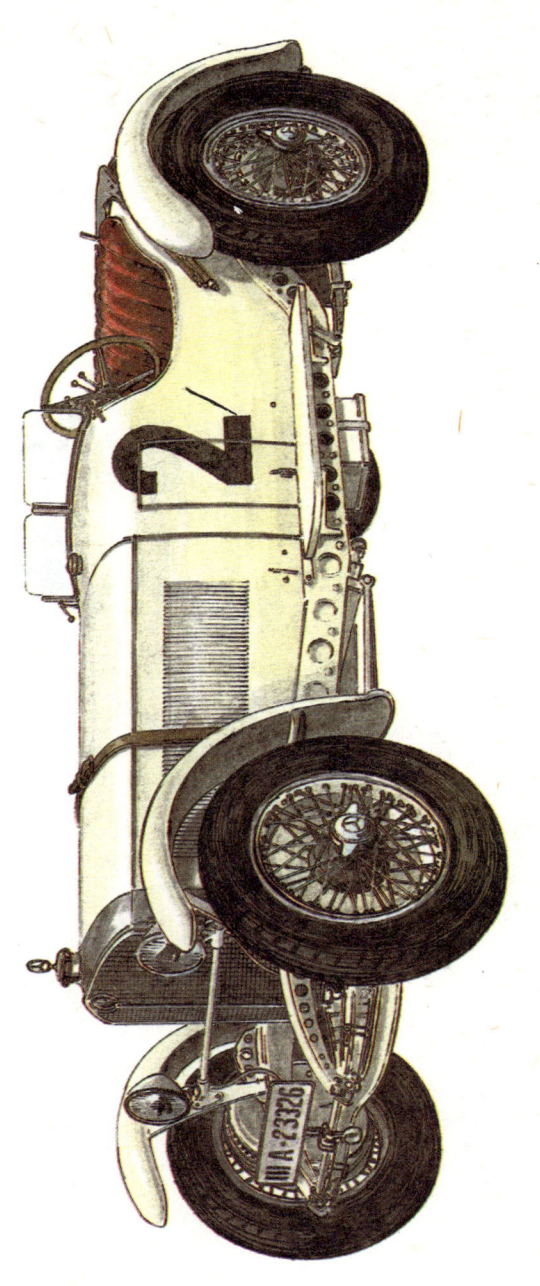

ALFA ROMEO P3   1932

Hersteller: SA Alfa Romeo, Mailand, Italien

Die ständig steigenden Motorleistungen der Rennwagen von Maserati, Bugatti und Mercedes zwangen auch Alfa Romeo zum Handeln: In das Fahrgestell des Monopostos bauten sie nebeneinander zwei Sechszylinderaggregate ein, die unabhängig voneinander die Antriebskraft über getrennte Kupplungen, Getriebe und Gelenkwellen auf die Hinterachse übertrugen. Das Fahrzeug erreichte zwar eine Leistung von 147 kW (200 PS), aber es war viel zu schwer geworden, und bei Rennen kam man mit dem Wechsel der zu schnell verschlissenen Reifen nicht nach.

Im Jahre 1932 entschloß sich deshalb der Chefkonstrukteur von Alfa Romeo, Vittorio Jano, zur Entwicklung eines neuen Fahrzeuges, das die Bezeichnung P3 bekam. Er rüstete es mit einem Achtzylinder-Reihenmotor mit 65 mm Bohrung und 100 mm Hub aus (Hubraum 2654 cm^3). Der in zwei Blöcken zu je vier Zylindern geteilte Motor mit DOHC-Steuerung leistete maximal 140 kW (190 PS) bei 5400 U/min. Jeder Zylinderblock wurde von einem eigenen Roots-Kompressor, der zwischen den Weber-Vergasern und der Ansaugleitung saß, aufgeladen. Die Ventile, die in einem Winkel von 100 Grad zueinander standen, wurden von drei konzentrischen Federn in ihren Sitz gepreßt. Die Kurbelwelle lief in Gleitlagern.

Die Antriebskraft übertrugen Zweischeibenkupplung, Vierganggetriebe und Differential auf zwei Antriebswellen, die in Rohren liefen und zur Hinterachse führten. Das Drehmoment wurde nicht mehr — wie bisher üblich — über Kardanwellen mit Kreuzgelenken auf die Hinterachse übertragen, sondern über Kegelzahnradgetriebe an beiden Ende der Wellen. Die starre, hintere Achse bildete zusammen mit dem Gehäuse des Zahnradgetriebes des Radantriebs und den Rohren ein stabiles Dreieckssystem, das sich kippbar am Getriebeausgang befand. Die Achse war an halbelliptischen Längsblattfedern aufgehängt. Über jeder Feder befanden sich mächtige Reibungsstoßdämpferpaare, die einander entgegengesetzt montiert waren. Die vordere Starrachse verfügte über Blattfedern, zwei Reibungsstoßdämpfer und das Lenktrapez. Die mechanischen Bremsen wirkten auf alle Räder. Der Alfa Romeo P3 gehörte zu den ersten europäischen Monopostos, in denen der Fahrer in der Mitte saß. Das leere Fahrzeug wog 770 kg. Bei 80 kPa Ladedruck betrug die Maximalleistung 158 kW (215 PS). Die Höchstgeschwindigkeit lag zwischen 225 und 232 km/h. 1932 und 1933 gewann Alfa Romeo sechs von acht Grand-Prix-Rennen.

BUGATTI 53   1932

Hersteller: Automobiles E. Bugatti, Molsheim, Frankreich

Die Möglichkeiten, die die freie Formel bot, wurden nicht nur von Alfa Romeo genutzt. Bugatti bereitete für die 1932er Saison ein Modell vor, das in mehrerer Hins cht Neuartiges bot. Die Leistung von 221 kW (300 PS) überforderte die Traktionsmöglichkeiten von nur einer Antriebsachse. So entwickelte Ettore Bugatti kurzerhand ein völlig neues Fahrgestell mit Antrieb auf beiden Achsen, den Allradantrieb. Außer zwei Achsdifferentialen mußte noch ein drittes, das sogenannte Zwischendifferential, eingesetzt werden. Bugatti wandte auch erstmals die unabhängige Aufhängung der Vorderräder an. Den Radantrieb besorgten nicht homokinetische Gelenke, sondern verschieden lange Wellen, die in einem einfachen Kreuzgelenk endeten. Dieses allerdings machte das Fahrzeug besonders in den Kurven schwer berherrschbar und riß dem Fahrer das Steuer regelrecht aus der Hand. Damit läßt sich vielleicht auch der Unfall von Jean Bugatti erklären, der beim Training mit einem Bugatti 53 verunglückte.

Angetrieben wurde der Wagen von einem Achtzylinder-Reihenmotor mit 4972 cm³ Hubraum. Seine beste Leistung von 221 kW (300 PS) erreichte er bei 4000 U/min, und schaffte damit eine Höchstgeschwindigkeit von 240 km/h. Die zwei obenliegenden Nockenwellen wurden von einem Stirnradgetriebe bewegt, und ein Roots-Kompressor preßte das Gemisch in zwei Zenith-Vergaser. Die in einem Stück geschmiedete Kurbelwelle lief in neun Lagern innerhalb eines trockenen Gehäuses. Zur Übertragung der Antriebskraft hatte man ein robustes Getriebe mit drei Wellen entwickelt, das so konzipiert war, daß ein besonders leichtes Schalten zwischen dem zweiten und dritten Gang möglich wurde. Der vierte Gang wurde nur auf Gefällstrecken eingelegt, der erste Gang nur beim Start.

Wegen der vorderen Einzelradaufhängung war der Kühler abgesenkt und verbreitert worden. Die Hinterachse stellte eine typische Bugatti-Konstruktion mit umgekehrten viertelelliptischen Federn dar. Die zusammen mit den Bremstrommeln gegossenen Radscheiben aus einer Aluminiumlegierung hatten turbinenschaufelförmige Speichen, um die hochbeanspruchten Bremsen mit Kühlluft zu versorgen. Das Gesamtgewicht des Fahrgestells betrug rund 940 kg.

Vom Bugatti 53 wurden nur zwei Exemplare hergestellt, die jedoch keine aufsehenerregenden Erfolge verbuchen konnten. Der gleiche Typ, mit Heckantrieb, Dreiganggetriebe, als Bugatti 54 bezeichnet, gewann 1933 beim Großen Preis von Monaco (Varzi mit durchschnittlich 91,8 km/h) und in Monza (Varzi mit 208,1 km/h).

MASERATI 8 CM   1933

Hersteller: Officine Alfieri Maserati SpA, Bologna, Italien

Im Jahre 1932 starb der unermüdliche Organisator, Manager und Konstrukteur Alfieri Maserati an den Langzeitfolgen des Unfalls, den er noch im Automobilwerk Diatto erlitten hatte. Die Leitung der Firma übernahm sein Bruder Ernesto, unterstützt vom anderen Bruder Bindo Maserati. 1933, nach dem erfolgreichen Typ 8C-3000, entstand das neue Modell 8 CM („M" für Monoposto) das eine einsitzige Karosserie auf einem schmalen Fahrgestell besaß. Der ursprüngliche Achtzylindermotor mit zwei obenliegenden Nockenwellen hatte − bei gleichen Werten für Bohrung und Hub − ein auf 5,6 : 1 gesenktes Verdichtungsverhältnis. Mit dem Roots-Kompressor wurde eine Maximalleistung von 191 kW (260 PS) bei 5800 U/min erreicht. Als erster Grand-Prix-Rennwagen erhielt der 8 CM hydraulische Bremsen. Das Auto hatte vorn und hinten mit Längsblattfedern gefederte Starrachsen, das Fahrgestell wurde im Vergleich zum Vorgängertyp nur geringfügig verstärkt. Doch seine Fahreigenschaften entsprachen dennoch einem 250 km/h schnellen Auto.

Zum Kern des Maserati-Rennteams, zu dem Luigi Fagioli, Gigione (Luigi) Arcangeli und Achille Varzi gehörten, kam Tazio Nuvolari, der vorher für den Rennstall von Ferrari dessen Alfa Romeo fuhr. Auf Maserati kämpfte zu jener Zeit auch Giuseppe Campari, der Sieger des Großen Preis von Frankreich 1933. Besonders dieses Jahr war für Maserati reich an Erfolgen: Nuvolari siegte beim Großen Preis von Belgien in Spa-Francorchamps mit einer Durchschnittsgeschwindigkeit von 142,8 km/h vor zwei Bugattis und war zweiter beim Großen Preis von Italien in Monza, wo ihn lediglich ein Reifendefekt um den Sieg brachte. Den ersten Platz belegte Fagioli, sein Nachfolger bei Alfa Romeo. Nuvolari führte auch beim Großen Preis von Spanien, aus dem er aber nach einem Unfall ausschied. Maserati-Wagen erzielten in diesem Jahr auch Erfolge in vielen anderen Rennen, wie beim Großen Preis von Nizza und bei der Coppa Acerbo.

BUGATTI 59   1934

Hersteller: Automobiles E. Bugatti, Molsheim, Frankreich

Im Jahre 1934 beschloß die Internationale Sportkommision CSI (Commission Sportive Internationale) neue, einschränkende Vorschriften für Grand-Prix-Wagen. Am wichtigsten war die Begrenzung des Höchstgewichtes eines leeren Fahrzeuges auf 750 kg (ohne Kraftstoff, Öl, Kühlflüssigkeit, Reserverad, Werkzeug und Reifen).

Bugatti bereitete für diese Formel ein Auto mit der Bezeichnung Typ 59 vor. Als Motor wurde das 2,8-Liter-Aggregat aus dem Typ 51 eingesetzt, dessen Bohrung auf 72 mm vergrößert wurde. Damit erreichte man einen Hubraum von 3257 cm^3. Der Achtzylinder-Reihenmotor mit DOHC-Ventilsteuerung leistete maximal 184 kW (250 PS) bei 5500 U/min. Damit erreichte der Bugatti etwa 240 km/h. Die in sechs Lagern laufende Kurbelwelle trieb von ihrem hinteren Ende einen Roots-Kompressor, die Pumpe und den Zündmagneten an. Das Auto wurde weiterhin mit zwei Zenith-Vergasern ausgerüstet, die Hinterachse hatte man doppelt untersetzt.

Das Fahrgestell glich dem vorangegangenen Modelle, üblich waren Starrachsen, vorn mit halbelliptischen, hinten mit umgekehrt viertelelliptischen Federn. Die zweiteilige, hohle Vorderachse war geschmiedet. Auf dem breiteren und längeren Fahrgestell des Typs 51 war der Fahrersitz neben der Längsachse angeordnet und der Beifahrersitz wurde von einem Blech verdeckt. Die Aluminiumgußräder hatten diesmal Drahtspeichen, deren äußere Reihe radial an der Radnabe befestigt war. Die mechanischen Bremsen wirkten, wie mittlerweile üblich, auf alle Räder. Die Bremsen konnten nicht so ohne weiteres nach- oder eingestellt werden, weil man hierzu die Bremstrommeln mitsamt den Rädern demontieren mußte.

In den Jahren 1934 bis 1936 wurden insgesamt nur neun Stück des Typs 59 hergestellt. Viele Teile stimmen mit dem Typ 57 überein, das erleichterte wohl auch für Privatfahrer die Benutzung dieser Rennwagen. Der Bugatti 59 heimste 1934 einige Erfolge ein: Den ersten, zweiten und vierten Platz beim Großen Preis von Belgien (Dreyfus, Brivio, Benoist), den ersten Platz in Algier (Wimille) und dritte Plätze bei den Großen Preisen von Monaco (Dreyfus), Spanien (Nuvolari) und der Schweiz (Dreyfus). Und 1935 konnte Wimille beim Großen Preis von Tunis immerhin den zweiten Platz vor dem starken Alfa Romeo und Maserati erringen.

AUTO UNION A   1934

Hersteller: Auto Union AG, Zwickau, Deutschland

Anfang der 30er Jahre geriet die deutsche Automobilindustrie in eine Krise. Horch, Audi, Wanderer und DKW bildeten daher im Jahre 1932 den Auto-Union-Konzern, der seine Erzeugnisse durch Erfolge bei sportlichen Veranstaltungen populär machen wollte. Auto Union wandte sich an Ferdinand Porsche, der seit 1930 ein Konstruktionsbüro in Stuttgart besaß. 1933 legte Porsche den Entwurf für einen neuen Rennwagen vor, der in den Horchwerken in Zwickau hergestellt wurde.

Der Rennwagen wurde von einem Sechzehnzylinder-V-Motor, der zwischen Fahrer und Hinterachse installiert war, angetrieben. Der Motor mit einem Hubraum von 4360 cm^3 (68 mm Bohrung mal 75 mm Hub) bildete zusammen mit Fünfganggetriebe und Differential ein gemeinsames Aggregat, das vor der Hinterachse montiert war. Diese Konzeption wurde später von fast allen Fahrzeugen der Formel 1 übernommen. Die obenliegende Nockenwelle trieb in den sechzehn Zylinderköpfen 32 Ventile an. Ein Roots-Kompressor preßte das Gemisch mit 160 kPa aus zwei Solex-Vergasern in die Zylinder. Bei einem Verdichtungsverhältnis von 7 : 1 leistete der Motor maximal 217 kW (295 PS) bei 4500 U/min. Der Zylinderblock und die abnehmbaren Zylinderköpfe waren aus einer Leichtmetall-Legierung gegossen. Zur Beherrschung der bei großen Gußblöcken auftretenden thermischen Probleme hatte Porsche sogenannte nasse Zylinderlaufbuchsen aus Stahl vorgesehen. Die Kurbelwelle, die aus einem Stück Chromnickelstahl geschmiedet war, lief in Bronzegleitlagern.

Der einfache Rahmen bestand aus Chrommolybdänrohren, die Vorderräder wurden von je zwei Kurbellenkern geführt. Die unteren Kurbeln federte ein querliegender Torsionsstab ab, der in einem Rahmenquerrohr gelagert war, und die oberen Kurbeln trugen die Schwingungsdämpfer. Die Hinterräder waren an Pendelhalbachsen und halbelliptischen Querblattfedern aufgehängt. Die Trommelbremsen kühlte der Fahrtwind. Auch der Auto Union Typ A besaß Rudge-Whitworth-Räder, deren Continental-Reifen unterschiedliche Dimensionen aufwiesen: vorn 5,25 × 17, hinten 6,50 × 19.

Porsche unterbot trotz des Sechzehnzylinder-Motors das zulässige Höchstgewicht, der Auto Union wog fahrfertig 1090 kg. Die Höchstgeschwindigkeit betrug 280 km/h. Der erfolgreichste Fahrer auf diesem Typ A war Hans Stuck, der 1934 den Großen Preis von Deutschland auf dem Nürburgring (Durchschnitt 122,9 km/h) sowie den ersten Großen Preis der Schweiz in Bern (140,3 km/h) gewann und den Großen Preis der Tschechoslowakei in Brünn (127,4 km/h).

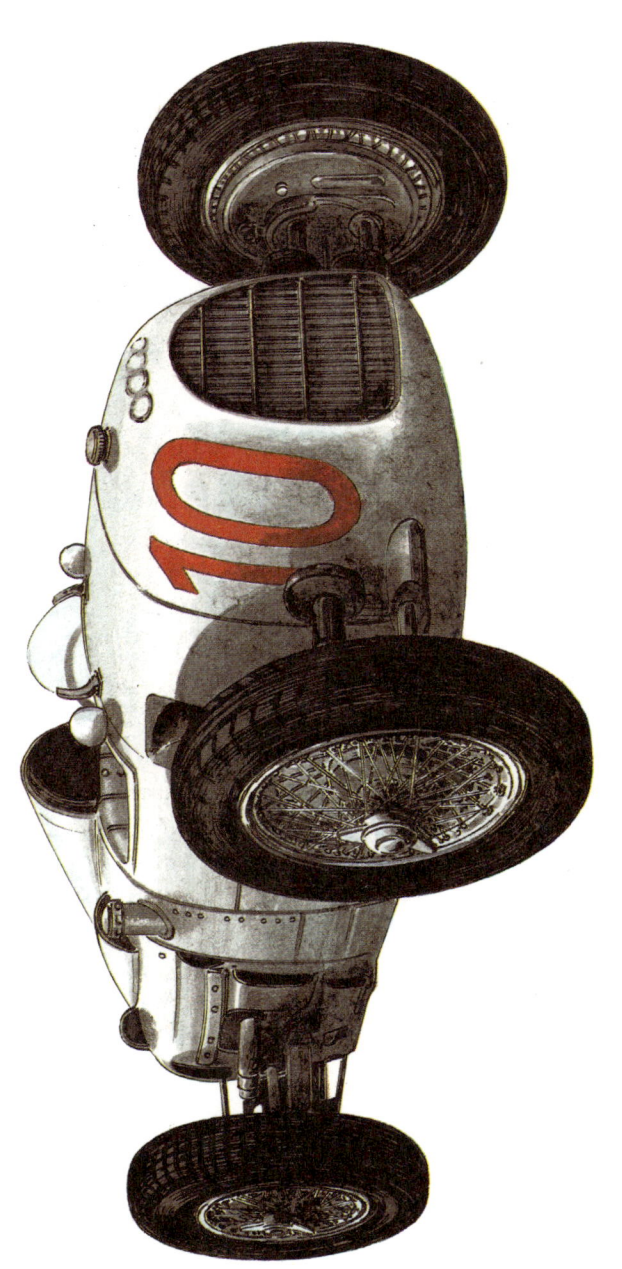

MERCEDES-BENZ W 25   1935

Hersteller: Daimler-Benz AG, Stuttgart, Deutschland

Der Wagen, der der neuen Rennformel entsprechen sollte, wurde vom Chefkonstrukteur Dr.-Ing. Hans Nibel bereits seit 1931 vorbereitet. Im Februar 1933 begann er mit der eigentlichen Konstruktion.

Angetrieben wurde der Typ W 25 von einem modernen Achtzylinder-Reihenmotor mit 3360 cm³ Hubraum (78 mm Bohrung mal 88 mm Hub), dessen ursprüngliche Leistung von 206 kW (280 PS) beim modifizierten Modell A auf 261 kW (340 PS) bei 5850 U/min angehoben wurde. Von 1934 bis 1936 erhöhten sich schrittweise sowohl der Hubraum als auch die Leistung der einzelnen Modelle [Modell AB: 3720 cm³ und 303 kW (398 PS); Modell B: 3990 cm³ und 317 kW (430 PS); Modell C: 4310 cm³ und 335 kW (455 PS); Modell E: 4740 cm³ und 353 kW (480 PS)].

Nach dem Tod von Hans Nibel im Jahre 1935 war Max Sailer für die Rennwagenkonstruktionen verantwortlich. Er entwarf die Modelle B, C und E. Die Achtzylinder-Motoren verfügten pro Brennraum über je zwei Einlaß- und Auslaßventile, die von zwei Nockenwellen gesteuert wurden. Die geschmiedete Kurbelwelle lief in fünf Rollenlagern, und ihr hinteres Ende trieb über ein Zahnradsystem die Nockenwellen an. Von ihrem vorderen Ende wurde über ein Kegelzahnradsystem der Antrieb des Roots-Kompressors abgeleitet, der die beiden Duplex-Vergaser mit 166 kPa unter Druck setzte. Das Vierganggetriebe war zusammen mit dem Differential an der Hinterachse verblockt. Das Fahrgestell besaß Einzelradaufhängung, wobei die Vorderräder an einer trapezförmigen Aufhängung befestigt waren und durch Spiralquerfedern gefedert wurden, die sich im Rohrrahmen befanden. Die Hinterräder hingen an Schwinghalbachsen und Querblattfedern. Zur Schwingungsdämpfung wurden Reibungsstoßdämpfer eingesetzt. Die Wirkung der nicht mehr mechanisch, sondern hydraulisch betätigten Zweikreisbremsen war für beide Achsen verstellbar.

Das Modell 25 B erreichte eine Geschwindigkeit von 280 km/h. Die strömungsgünstige Aluminiumkarosserie war, um Gewicht zu sparen, nicht lackiert, aber immerhin auf Hochglanz poliert: der „Silberpfeil" war geboren. Von 1935 an zeigte sich für volle fünf Jahre die Übermacht von Mercedes auf fast allen Grand-Prix-Rennstrecken: Der Europameister von 1935, Rudolf Caracciola, gewann die Großen Preise von Spanien (Durchschnitt 164,0 km/h), Belgien (157,5 km/h), der Schweiz (144,8 km/h), Frankreich (124,6 km/h) und Tripolis (198,0 km/h).

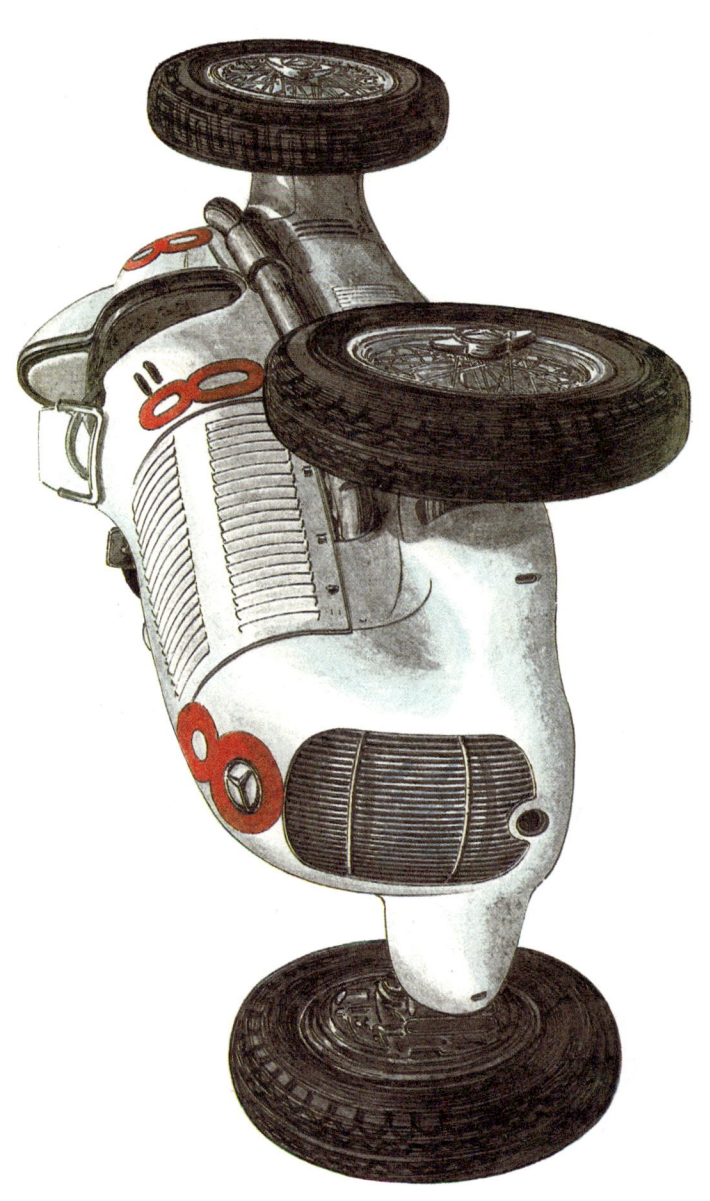

ERA B 1935

Hersteller: English Racing Automobiles Ltd, Lincolnshire, Bourne, Großbritannien

Raymond Mays wollte ein englisches Rennauto bauen. Für diese Idee gewann er auch seine Freunde Amherst Williers, Peter Berthon und den Rennfahrer Humphrey T. Cook. So entstand 1934 die Gesellschaft ERA (English Racing Automobiles Ltd.). Für ihr erstes Auto wurde ein 1,5-Liter-Sechszylindermotor von Riley eingesetzt, dessen Leistung durch einen Murray-Jamieson-Roots-Kompressor auf 110 kW (150 PS) bei 6500 U/min anwuchs. Der ERA Typ A erreichte damit eine Höchstgeschwindigkeit von rund 200 km/h. 1935 wurde der Typ B entwickelt. Der aufgeladene Sechszylindermotor hatte 57,5 mm Bohrung und 95,2 mm Hub (Hubraum 1480 cm³). Er leistete maximal 129 kW (175 PS) bei 7000 U/min. Sein zwischen Motor und Vergaser angeordneter Roots-Kompressor preßte das Gemisch mit einem Druck von 200 kPa zusammen. Die Nockenwellen der OHV-Ventilsteuerung befanden sich zu beiden Seiten des Motorblocks. Die Kurbelwelle lief in drei Lagern, von denen das mittlere ein Wälzlager und die anderen Gleitlager waren. Das trockene Kurbelgehäuse erforderte eine Ölansaug- und eine Druckpumpe. Die Zündung sicherte ein Magnet. Erfolgversprechend schien der Einsatz eines Viergang-Planetengetriebes von Wilson mit Vorgelege.

Beide Achsen waren als Starrachsen ausgebildet und an halbelliptischen Längsfedern befestigt. An der Übertragung der Antriebs- und Bremskräfte war hinten ein mit dem Fahrgestell verbundenes Gleitrohr beteiligt, in dem sich die Kardanwelle befand. Das Fahrgestell bestand aus einem Leiterrahmen aus U-Profilen, vorn waren Längs-Schubstreben befestigt. Alle vier Räder hatten mechanische Girling-Bremsen, die anstelle der Bremsnocken einen Keil zum Auseinanderpressen der Bremsbacken hatten. Das Leergewicht des Autos mit einer verhältnismäßig hohen Monopostokarrosserie betrug 630 kg. Der ERA B erreichte eine Geschwindigkeit von mehr als 200 km/h.

Insgesamt wurden 13 Exemplare der Typen A und B hergestellt. Auf ERA fuhren viele bekannte Rennfahrer, wie Raymond Mays, Dick Seaman, Prinz Bira und Lord Howe. Der britische Rennfahrer Seaman siegte damit 1935 souverän auf dem Masaryk-Ring beim Großen Preis der Tschechoslowakei in Brünn in der Klasse bis 1,5 Liter. Seine durchschnittliche Geschwindigkeit betrug 114,7 km/h, wobei in der schnellsten Runde 120,8 km/h gemessen wurden. Er schlug selbst die Bugattis, die den zweiten und den dritten Platz belegten.

ALFA ROMEO 12 C-36   **1936**

Hersteller: SA Alfa Romeo, Mailand, Italien

Der einzige, der den überlegenen deutschen Rennwagen von Mercedes und Auto Union auf den Grand-Prix-Strecken der Jahre 1935 bis 1937 Paroli bieten konnte, war Tazio Nuvolari auf Alfa Romeo. Nach dem sensationellen Sieg beim Großen Preis von Deutschland 1935, wo er auf seinem 3,8-Liter-Alfa Romeo die bedeutend stärkeren Rennwagen von Mercedes und Auto Union hinter sich ließ, stieg Nuvolari für die Saison 1936 auf den neuen Alfa Romeo 12 C-36 um. Das Auto hatte einen Rohrrahmen mit unabhängiger Vorderradaufhängung an Querträgern und Spiralfedern. Die Hinterräder hingen an Schwinghalbachsen mit einer halbelliptischen Querblattfeder. Um die Dämpfung kümmerten sich Flüssigkeitsstoßdämpfer, und die hydraulischen Bremsen verzögerten alle Räder. Dank der nur auf die Hinterräder wirkenden mechanischen Bremsen gelangen Nuvolari geradezu meisterhafte Kurvendurchfahrten. Der vorne eingebaute Zwölfzylinder-V-Motor hatte einen Hubraum von 4064 cm³ (70 mm Bohrung mal 88 mm Hub). Einlaß- und Auslaßventile standen im 90-Grad-Winkel zueinander und wurden von zwei obenliegenden Nockenwellen gesteuert. Die Antriebskraft wurde über eine Scheibenkupplung auf das Vierganggetriebe übertragen. Der Motor brachte eine Höchstleistung von immerhin 272 kW (370 PS) bei 5800 U/min (aber immer noch weniger als die Konkurrenz) und der Alfa Romeo 12 C erreichte bis zu 275 km/h.

Auch mit dem neuen Typ bewies Nuvolari sein Können, und in der Saison 1936 mischte er noch fünfmal ganz vorne mit. Beim Großen Preis von Penya Rhin siegte er nach einem harten Kampf über Caracciola (Durchschnittsgeschwindigkeit 111,5 km/h).

Auch beim Großen Preis von Ungarn in Budapest kam er als erster ins Ziel und erreichte eine Durchschnittsgeschwindigkeit von 110,6 km/h, beim Rennen Coppa Ciano in Leghorn und im französischen Pau erkämpfte er sich den Lorbeerkranz. Aber dann war die Vormachtstellung der deutschen Grand-Prix-Wagen nicht mehr zu brechen. Deshalb wechselte der ehrgeizige Nuvolari in den beiden letzten Vorkriegsjahren zur Auto Union.

MERCEDES-BENZ W 125   1937

Hersteller: Daimler-Benz AG, Stuttgart, Deutschland

Im Jahre 1937 teilten sich Auto Union und Mercedes-Benz wiederum die Erfolge bei den Großen Preisen. Für diese Rennsaison hatten die Konstrukteure Sailer, Wagner und Hess in Stuttgart das Modell W 25 überarbeitet, wobei vor allem dessen Fahreigenschaften verbessert wurden. Der neue Typ mit der Bezeichnung W 125 erhielt den Achtzylindermotor M 125 mit einer auf 94 mm vergrößerten Bohrung, wodurch der Hubraum auf 5660 cm³ wuchs und eine Leistung von 476 kW (646 PS) erreicht wurde. Jeder Zylinder verfügte über zwei im 60-Grad-Winkel angeordnete Einlaß- und Auslaßventile, die von zwei Nockenwellen gesteuert wurden. Auch der Roots-Kompressor wurde neu positioniert: Er lag jetzt zwischen Vergasern und Motor, das Alkohol-Benzin-Gemisch wurde mit 180 kPa Druck in die Brennräume gepreßt. Das Getriebe war mit dem Differential in einem Block in der De-Dion-Starrachse zusammengefaßt und ein ZF-Sperrdifferential verteilte die Motorkraft über Gelenkwellen auf die Räder.

Die Hinterräder — die übrigens größer waren als die Vorderräder — wurden durch Drehstäbe gefedert. Am Rohrrahmen aus Chrommolybdänstahl waren vorn an einer trapezförmigen Aufhängung die von Spiralfedern gefederten Räder unabhängig voneinander aufgehängt. An allen Rädern wurde eine Neuheit eingesetzt — hydraulische Stoßdämpfer. Die überarbeitete strömungsgünstige Karosserie verdeckte die vorderen Radaufhängungen.

Das fahrbereite Auto wog 1107 kg und mit der längsten Übersetzung erreichte der W 125 als stärkster Formelrennwagen seiner Zeit 320 km/h. Mit veränderter Karosserie und Zwölfzylindermotor wurden bei Weltrekordversuchen auf der Autobahn Frankfurt — Darmstadt Geschwindigkeiten bis zu 436 km/h erreicht.

Europameister wurde im Jahre 1937 nach zweijähriger Pause wieder Rudolf Caracciola, der auf Mercedes den Großen Preis von Deutschland auf dem Nürburgring (Durchschnitt 133,2 km/h), den von Italien in Leghorn (131,3 km/h) und den der Tschechoslowakei auf dem Masaryk-Ring (138,4 km/h) gewann. Mercedes siegte auch in Monaco (Manfred von Brauchitsch mit durchschnittlich 101,2 km/h), in der Schweiz in Bern (158,6 km/h) und in Tripolis (Hermann Lang mit durchschnittlich 216,3 km/h). In den Jahren 1934 bis 1937 war Mercedes Sieger in zwölf von insgesamt 23 Großen Preisen, belegte zehnmal den zweiten und zehnmal den dritten Platz. Sie waren so die erfolgreichsten Autos jener Zeit.

AUTO UNION C 1937

Hersteller: Auto Union AG, Zwickau, Deutschland

Seit 1934 stiegen Hubraum und Leistung der Auto-Union-Rennwagen ständig: Der 1936 gebaute Typ C hatte einen Sechzehnzylindermotor mit 6010 cm³ Hubraum (75 mm Bohrung und 85 mm Hub) und einem auf 195 kPa erhöhten Ladedruck. Bei dem Verdichtungsverhältnis 9,2 : 1 wurde die schier unfaßbare Höchstleistung von 383 kW (520 PS) bei 5000 U/min erreicht. Dieser Leistung hatte auch die Kurbelwelle mit Hirth-Verzahnung zu entsprechen, deren neuer Typ bereits in Wälzlagern lief. Der Auto Union C erreichte eine Höchstgeschwindigkeit von 340 km/h und war so das schnellste Grand-Prix-Fahrzeug.

Die Antriebskraft wurde vom Motor über eine Mehrscheibenkupplung auf ein Vierganggetriebe übertragen, das hinter der Hinterachse lag. Von dort wurde die Bewegung zurück ins Verteilergetriebe mit dem ZF-Sperrdifferential geleitet. Durch diese Anordnung fiel die Kardanwelle weg. Die hinteren Schwinghalbachsen wurden durch Längsdrehstäbe gefedert, die sich in den Längsrohren des Rahmens befanden. Sie waren mit Hebelreibungsstoßdämpfern ausgerüstet. Beim Typ C war der Radstand von 2800 auf 2900 mm vergrößert worden – und dies bei einer Verkürzung der Gesamtlänge von 4550 mm auf 3920 mm. In den Rahmenrohren des Typs A hatte man unkonventionellerweise die Kühlflüssigkeit des Motors untergebracht. Aber schon beim nachfolgenden Typ B wurden wegen der schlechten Erfahrungen mit dieser Konzeption wieder gesonderte Leitungsschläuche eingesetzt. Die hydraulisch betätigten Lockheed-Duplextrommelbremsen wirkten auf alle Räder. Im Jahre 1936 feierte Bernd Rosemeyer die größten Erfolge auf Auto Union, als er bei den Großen Preisen von Deutschland (Durchschnitt 130,9 km/h), der Schweiz (160,7 km/h) und von Italien (135,3 km/h) siegte. Außerdem stand er auch im Eifelrennen, auf dem Nürburgring und bei der Coppa Acerbo in Pescara ganz oben auf dem Siegerpodest. Im darauffolgenden Jahr setzte sich die Erfolgsserie der Auto Union mit guten Plazierungen beim Großen Preis von Belgien (erster Platz für Rudolf Hasse mit durchschnittlich 167,8 km/h), von Donington (erster Platz für Rosemeyer mit durchschnittlich 132,6 km/h) und beim Großen Preis von Tripolis (zweiter Platz für Rosemeyer) fort.

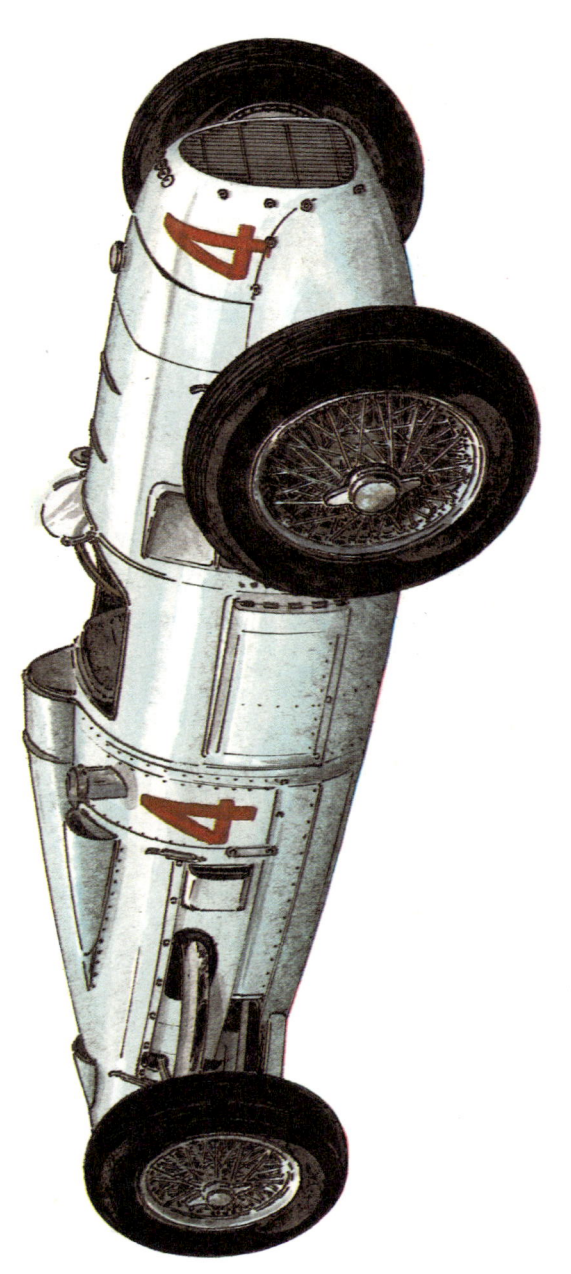

MERCEDES-BENZ W 154   1938

Hersteller: Daimler-Benz AG, Stuttgart, Deutschland

Für die seit 1938 gültige 3-Liter-Formel bereitete Mercedes den Typ W 154 vor, mit dem das schwäbische Unternehmen seine dominierende Position auf den Grand-Prix-Strecken weiter festigte. Das neue Auto ging vom Typ W 125 aus, dessen Rahmen aus ovalen Rohren bestand, auf den ein Zwölfzylinder-V-Motor mit angegossenem Zylinderkopf montiert wurde.

Beide Zylinderblöcke waren von einem Wassermantel umgeben. Davor saßen zwei Roots-Kompressoren, die mit einem Druck von 220 kPa arbeiteten. Vier obenliegende Nockenwellen steuerten insgesamt 48 Ventile. Die aus Segmenten montierte Kurbelwelle lief in Wälzlagern. Das komplizierte Schmierungssystem des Motors umfaßte neun Ansaug- und neun Druckpumpen. Der Motor mit 2962 cm^3 Hubraum (67 mm Bohrung mal 70 mm Hub) brachte eine Höchstleistung von 312 kW (425 PS) bei 7800 U/min. Wegen des leicht seitlich nach hinten geneigten Motors verlief die Kardanwelle zum Fünfganggetriebe, das sich zusammen mit dem Differential in einem Block befand, an der linken Seite des Fahrers vorbei.

Die Fahrgestellkonzeption stimmte mit der des Typs W 125 überein. Trotzdem änderten sich die Fahreigenschaften des Wagens bedeutend. Es wurden hydraulische Stoßdämpfer eingesetzt, deren Charakteristik der Fahrer während der Fahrt ändern konnte. Der im Renneinsatz mit 90 bis 100 Liter auf 100 km recht hohe Verbrauch erforderte gleich zwei Tankbehälter für insgesamt 400 Liter Kraftstoff. Einer war vor und einer hinter dem Fahrer eingebaut. Das Modell W 154 hatte in rennfähigem Zustand ein Gewicht von 1200 kg und war bis zu 290 km/h schnell.

Bei den Großen Preisen hatte der Mercedes W 154 gegenüber Alfa Romeo 308 Corsa, Maserati 8 CTF und dem 3-Liter-Bugatti eine schier unschlagbare Position, die nur von Auto Union und Delahaye anzufechten war. Die Mercedes Fahrer teilten sich in dem Jahr vor dem Ausbruch des Zweiten Weltkrieges untereinander vier Große Preise: Hermann Lang gewann in Tripolis (Durchschnitt 205,1 km/h), Richard Seaman in Deutschland (129,8 km/h), Rudolf Caracciola in der Schweiz (143,6 km/h) und Manfred von Brauchitsch in Frankreich (162,8 km/h). In drei Rennen belegte Mercedes alle drei ersten Plätze. Und Caracciola wurde zum dritten Male Europameister.

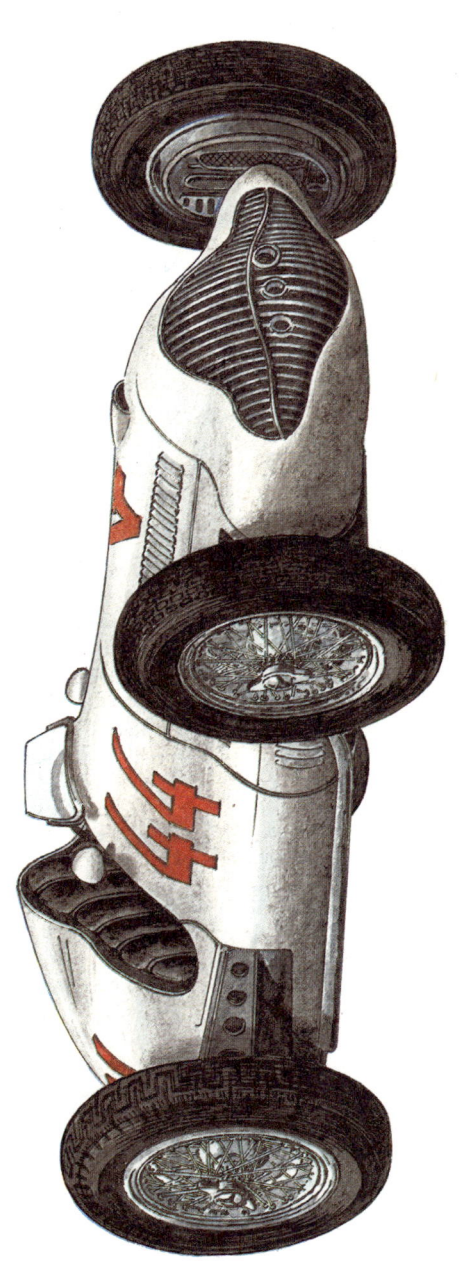

AUTO UNION D   1938

Hersteller: Auto Union AG, Zwickau, Deutschland

Die Auto Union bereitete für die Saison 1938 einen neuen Rennwagen mit Zwölfzylindermotor vor, der mit seinem Hubraum von 2990 cm^3 (65 mm Bohrung mal 75 mm Hub) der nun verbindlichen 3-Liter-Formel entsprach. Wegen des kurzen V-Motors konnte der Fahrersitz weiter nach hinten verschoben werden. Durch diese Positionsänderung des Fahrersitzes in die Fahrzeugmitte wurde auch die Lenkung verbessert. Das Fahrgestell war verändert worden: Die hintere Schwingachse wurde durch eine De-Dion-Starrachse ersetzt, die Seitenkräfte wurden von Panhard-Stäben aufgenommen. Die Federdrehstäbe erhielten eine weichere Charakteristik, vorn befanden sich Flüssigkeitsstoßdämpfer, hinten hydraulisch-mechanische.

Das Triebwerk mit einem 90-Grad-Winkel verfügte über drei Nockenwellen: Die mittlere Welle steuerte die Einlaß- und die beiden seitlichen die Auslaßventile. Die Kurbelwelle trieb einen einstufigen Roots-Kompressor an (ab 1939 Zweistufenkompressor), der einen Druck von 190 kPa erzeugte. Die Zapfen der Kurbelwelle liefen in Gleitlagern, später wurden Wälzlager eingesetzt, so daß die Kurbelwelle aus einzelnen Segmenten zusammengesetzt sein mußte. Diese hatte eine Hirth-Verzahnung, wie sie im Flugzeugmotorenbau üblich war. Der Motor erreichte eine Höchstleistung von 357 kW (485 PS) bei 7000 U/min und beschleunigte den knapp 1200 kg wiegenden Rennwagen je nach Achsübersetzung auf 290 bis 340 km/h. Dabei verbrauchte das Auto jedoch auf 100 km 80 bis 115 Liter, deshalb wurden drei große Kraftstofftanks installiert.

Am 28. Januar war bei dem Versuch auf der Autobahn Frankfurt — Darmstadt einen neuen Geschwindigkeitsweltrekord aufzustellen der Auto-Union-Fahrer Bernd Rosemeyer ums Leben gekommen. Für 1938 und 1939 wurde deshalb der hervorragende italienische Fahrer Nuvolari engagiert, der die Großen Preise von Monza (Durchschnitt 155,6 km/h) und von Donington (129,5 km/h) gewann.

Für den Großen Preis von Frankreich in Reims, wo hohe Geschwindigkeiten möglich waren, wurde der Typ D mit einer stromlinienförmigen Karosserie ausgerüstet, die auch die Räder verdeckte. Damit verunglückte im Training der Rennfahrer Hasse, die Auto Union stellte daraufhin die weiteren Entwicklungsarbeiten an diesem Modell ein. Den Großen Preis in Reims gewann Hermann Paul Müller mit einer klassischen Karosserie. Nuvolari erkämpfte noch einen Sieg für die Auto Union beim letzten Großen Preis vor dem Krieg, in Jugoslawien (129,9 km/h).

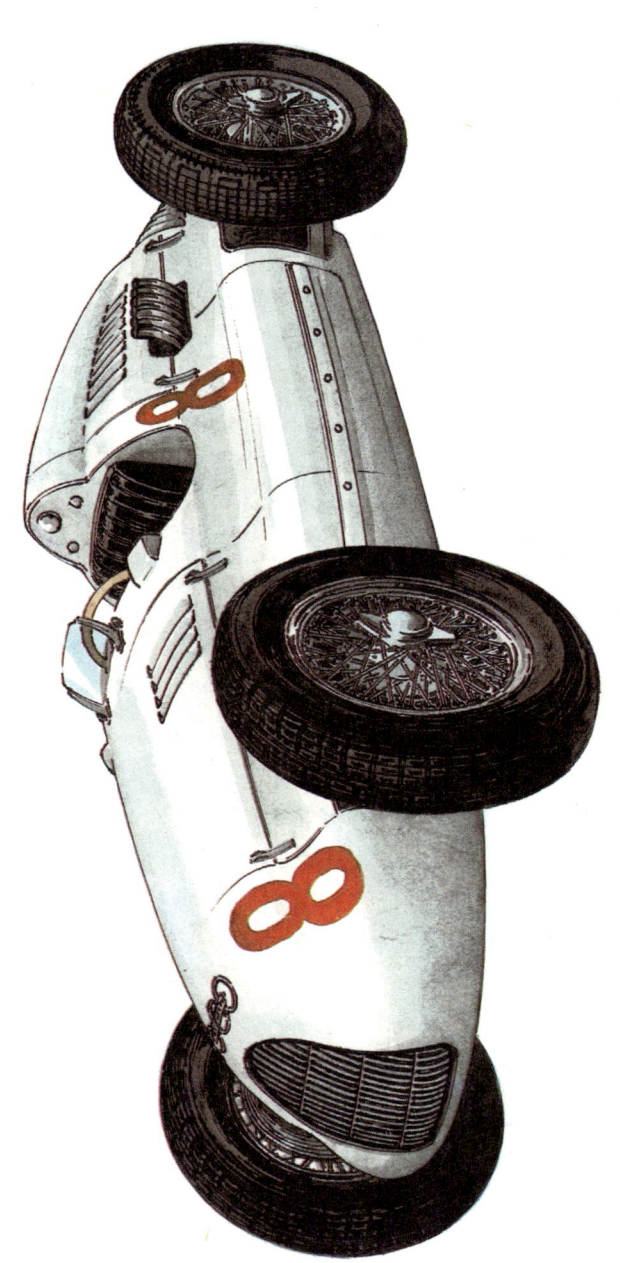

MASERATI 8 CTF   1938

Hersteller: Officine Alfieri Maserati SpA, Modena, Italien

Ernesto, Bindo und Ettore Maserati entschlossen sich unter dem Druck finanzieller Schwierigkeiten, im Jahre 1937 das Werk an den Großunternehmer Adolf Orsi und seinen Sohn Omar zu verkaufen. Laut Vertrag lief die Automobilproduktion noch weitere zehn Jahre unter dem Namen Maserati — übrigens maßgebend weiterhin geprägt von Ernesto und Bindo, während Ettore die Leitung des Zündkerzenwerkes übernahm.

1938 entstand dann der Typ 8 CTF, der der überlegenen Konkurrenz von Mercedes und Auto Union die Stirn bot, auch wenn er nie einen Grand Prix gewann. Der neue Maserati erhielt den bewährten Achtzylindermotor (68 mm Bohrung mal 100 mm Hub), der noch im Jahre 1930 entwickelt worden war, aber jetzt mit höherem Ladedruck arbeitete. Durch die Erhöhung des Druckes von 80 auf 120 kPa stieg die Motorleistung auf 258 kW (350 PS) bei 6000 U/min. Die beiden Vierzylinderblöcke des Motors mit ihren zwei obenliegenden Nockenwellen wogen 205 kg. Die Federung der trapezförmigen Vorderachse erfolgte durch Längsdrehstäbe, während die hintere Starrachse an viertelelliptischen Blattfedern befestigt war. Das komplette Fahrzeug brachte 850 kg auf die Waage.

Obwohl das Auto in einigen Rennen in führender Position lag, wurde es doch immer wieder von verschiedenen mechanischen Störungen heimgesucht und fiel aus. So beim Großen Preis von Tripolis auf der Strecke von Melaha und beim Großen Preis von Frankreich in Pau. Zu den größten Erfolgen zählt der dritte Platz von Paul Pietsch im Jahre 1939 beim Großen Preis von Deutschland auf dem Nürburgring. Nicht zu vergessen sei auch Wilbur Shaw, der mit einem geringfügig veränderten Maserati 8 CTF zweimal hintereinander — in den Jahren 1939 und 1940 — die 500 Meilen von Indianapolis gewann.

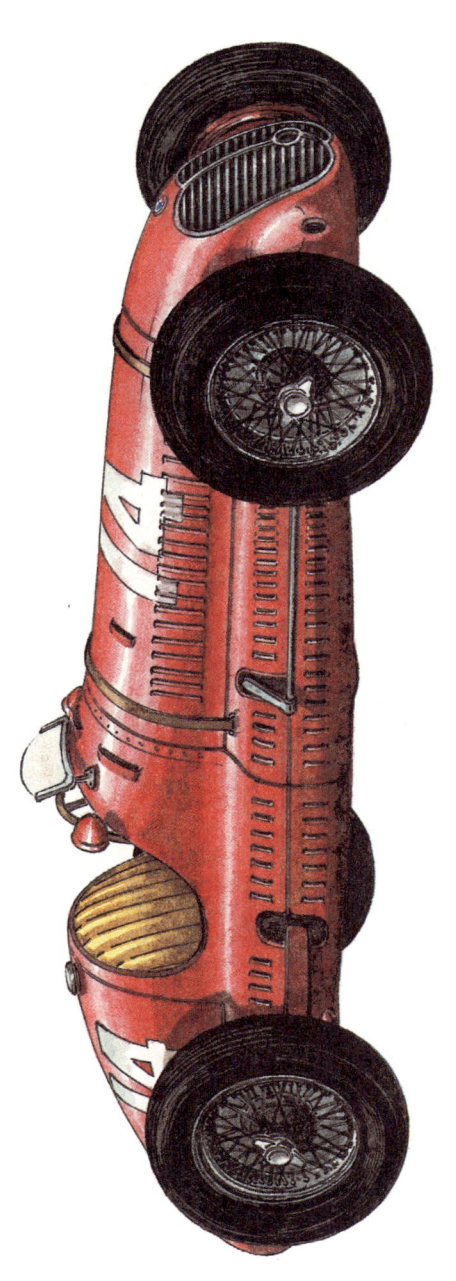

DELAHAYE   1938

Hersteller: Automobiles Delahaye, Paris, Frankreich

Der einzige erfolgreiche Rennwagen ohne Kompressor, der 1938 noch mit den hochleistungsfähigen, aufgeladenen 3-Liter-Motoren mithalten konnte, war der französische Delahaye. Das gelang ihm in zwei Rennen der Saison, was aber auch durch das Fehlen der Wagen von Auto Union und Alfa Romeo am Start zu erklären ist. Die Stärken der Delahayes lagen in ihrer Zuverlässigkeit und in ihrem niedrigen Kraftstoffverbrauch. Den Zeitverlust aufgrund der schwächeren Leistung holten sie wieder auf, wenn die Konkurrenz ihre großen Kraftstofftanks an den Boxen nachfüllen mußte. Der erfolgreiche Delahaye, eine Schöpfung des Konstrukteurs Jean François, hatte einen Zwölfzylinder-V-Motor mit 75 mm Bohrung und 85 mm Hub und entsprach mit dem Hubraum von 4490 cm^3 der damals gültigen 4,5-Liter-Formel für Triebwerke ohne Kompressoren. Die Höchstleistung lag bei 162 kW (220 PS) bei 5500 U/min, und stieg im folgenden Jahr noch bis auf 180 kW (245 PS): Damit waren immerhin 225 km/h möglich.

Die Antriebskraft wurde über eine trockene Mehrscheibenkupplung und das Vierganggetriebe auf die Hinterachse übertragen. Die unabhängige Vorderradaufhängung bildete einen Trapezrahmen, der sich aus einer Blattfeder und dem Querarm zusammensetzte. Die hintere De-Dion-Starrachse hatte Längsfedern. Der Fahrersitz war etwas neben der Fahrzeuglängsachse angeordnet und das rennfertige Auto wog 1170 kg. In den Rennen wurde Delahaye vom Rennstall „Ecurie Bleue" unter der Leitung von Lucy O'Reilly-Schell vertreten. Zu ihren Erfolgen gehörten auch Siege bei der Rallye Monte Carlo 1937 und ein Jahr später beim 24-Stunden-Rennen in Le Mans. Der schnellste Mann auf Delahaye war René Dreyfus, der sonst eher im Zusammenhang mit Bugatti genannt wird. Den Großen Preis von Pau in Frankreich 1938 gewann er vor Caracciola (Mercedes), und beim Großen Preis von Cork in Großbritannien im gleichen Jahr ließ er mit seinem Delahaye die Bugattis und Maseratis hinter sich.

MERCEDES-BENZ W 163   1939

Hersteller: Daimler-Benz AG, Stuttgart, Deutschland

Nach den letzten Großen Preisen in England und Italien, wo die Auto Union stärker und schneller war als Mercedes, entschlossen sich der Leiter der Rennabteilung von Daimler-Benz, Ing. Rudolf Uhlenhaut und der Chefkonstrukteur Ing. Fritz Nallinger, zu einer nachhaltigen Verbesserung des Typs W 154. Die Veränderungen betrafen den Motor, das Fahrgestell und die Karosserie. Bei dem modernisierten Rennwagen, der als W 163 bezeichnet wurde, gelang es, durch die Anordnung zweier Roots-Kompressoren die Motorleistung auf 356 kW (483 PS) bei 8000 U/min zu steigern. Der Endladedruck bei dieser Zweistufenanordnung betrug 285 kPa. Bei unverändertem Hubraum des Motors stieg die spezifische Leistung auf 120 kW/l (163 PS/l).

Auf dem bewährten Fahrgestell saß eine neue Karosserie mit niedrigem, verlängertem Vorderteil. Die verbreiterte Ansaugöffnung vor dem Kühler ging fließend in die verdeckte Radaufhängung über. Die Räder hatten jetzt Bremstrommeln mit Turbinen-Schaufelrädern, die durch ihre Ventilationswirkung die hochbeanspruchten Bremsen besser kühlten. Das Auto hatte einen Radstand von 2750 mm und eine Spurweite von 1580 mm. Der höchste Punkt des Motors lag nur 700 mm über der Erde. Mit einem Betriebsgewicht von 1220 kg erreichte das Auto eine Höchstgeschwindigkeit von 315 bis 320 km/h.

1939 gewann Mercedes fünf der sieben wichtigsten Großen Preise. Der erfolgreichste Werksfahrer war dabei Hermann Lang, der in vier Rennen siegte: Beim Großen Preis von Pau (Durchschnitt 88,7 km/h), beim Großen Preis von Belgien in Spa (152 km/h), beim Großen Preis der Schweiz auf dem Bremgarten-Ring in Bern und beim Eifelrennen auf dem Nürburgring (135,4 km/h). Lang wurde damit auch Europameister. Der W 163 absolvierte daneben mit einer Spezialkarosserie Versuche für Geschwindigkeitsrekorde. Im Januar 1939 stellte Caracciola auf der Autobahn bei Dessau vier Automobilweltrekorde der Klasse D (2000 bis 3000 cm^3) auf, wobei er mit fliegendem Start 398,2 km/h fuhr.

Die Mercedes W 163 verloren auch nach dem Zweiten Weltkrieg nichts von ihren hervorragenden Eigenschaften. Noch 1951 nahmen sie in Argentinien an den Rennen um den Preis des Präsidentenehepaares Peron teil und belegten zwei zweite und zwei dritte Plätze (Lang, Kling und Fangio).

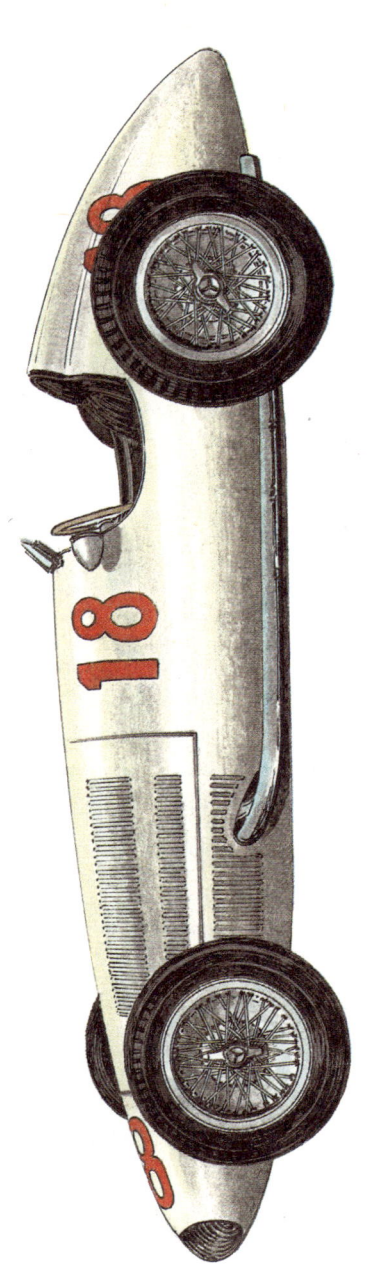

MERCEDES-BENZ W 165   1939

Hersteller: Daimler-Benz AG, Stuttgart, Deutschland

Um der ständigen Überlegenheit der deutschen Rennwagen Einhalt zu gebieten, versuchten die Italiener für ihre Rennstrecken solche Rennvorschriften zu schaffen, die so weit wie möglich ihren eigenen Fahrzeugen entgegenkamen, so dem bewährten Alfa Romeo mit 166 kW (225 PS) und dem neuen Maserati 4 CL, dessen Höchstleistung 162 kW (220 PS) betrug. Da die Motoren einen Hubraum von nur 1,5 Liter hatten, wurde der Große Preis von Tripolis 1939 nur für Wagen mit einem Hubraum von maximal 1500 cm^3 ausgeschrieben.

Die Rennabteilung von Daimler-Benz wußte aber zu jener Zeit auf beinahe alles eine Antwort und handelte schnell entschlossen: In kürzester Zeit entstand nach den italienischen Vorschriften das Projekt und kurz darauf auch der neue Wagen — der Typ W 165. Äußerlich wirkte der sogenannte „Baby"-Mercedes wie eine Miniaturausgabe des Typs 163. Unter der strömungsgünstigen Karosserie lag aber ein Achtzylinder-V-Motor mit 1493 cm^3 Hubraum, dessen Bohrung (64 mm) erstmals größer war als der Hub (58 mm). Die gekoppelten Kompressoren drückten das Gemisch mit einem Druck von 345 kPa in die Zylinder, wodurch der Motor bei 7800 U/min bis zu 187 kW (254 PS) leistete.

Die Konzeption des Motors entsprach der vorangegangener V-Motoren: Vier obenliegende Nockenwellen wurden von Zahnrädern angetrieben, die geteilte Kurbelwelle lief in Wälzlagern, und die Stahlzylinder waren von einem Wassermantel umgeben. Das Fünfganggetriebe war quer in einem Block mit dem Differential der Hinterachse untergebracht. Vorn am Rohrrahmen waren die Räder einzeln an Querarmen aufgehängt, die von Spiralfedern gefedert waren. Die De-Dion-Hinterachse saß an Drehstäben. Die verbreiterte Mitte der strömungsgünstigen Karosserie verdeckte die 250-l-Kraftstofftanks, die zu beiden Seiten des Rennfahrers so untergebracht waren, daß auch ihre schrittweise Entleerung kaum die Belastung der Achsen veränderte. Das Auto erreichte eine Höchstgeschwindigkeit von 280 km/h und wurde nur einmal eingesetzt: Die Werksfahrer Hermann Lang und Rudolf Caracciola belegten damit am 7. Mai 1939 beim Großen Preis von Tripolis den ersten und den zweiten Platz. Lang fuhr mit einer Durchschnittsgeschwindigkeit von 196,6 km/h einen neuen Rekord und ließ einige Dutzend Alfa Romeos und Maseratis hinter sich. Insgesamt wurden nur drei Fahrzeuge vom Typ W 165 gebaut, von denen sich eines heute noch im Werksmuseum in Stuttgart befindet.

MASERATI 4 CL   1939

Hersteller: Officine Alfieri Maserati SpA, Modena, Italien

In der Zeit vor dem Zweiten Weltkrieg hatten kleinere Rennfirmen kaum noch Chancen und beteiligten sich deshalb immer seltener an Rennen. Doch als erstmals nach zwölf Jahren wieder Grand-Prix-Rennen in der Klasse bis 1,5 l ausgeschrieben wurden, erwachten die Entwicklungsarbeiten zu neuem Leben..Aus dieser Hubraumkategorie gingen später die Autos der Formel 1 hervor.

Eines der Unternehmen, das mit der Entwicklung eines Rennwagens in der Klasse bis 1,5 l begann, war Maserati. Im Jahre 1939 bereitete man in Bologna ein Modell mit der Typenbezeichnung 4 CL vor, das einen völlig neuen Motor mit einem Hubraum von 1489 cm³ und DOHC-Ventilsteuerung erhielt. Dieses Triebwerk leistete bei 6600 U/min 162 kW (220 PS).

Durch den Einsatz von Elektrogußstücken für das Kurbelgehäuse und die Ölwanne konnte das Motorgewicht auf 140 kg gesenkt werden. Die Kurbelwelle lief in drei Gleitlagern. Vom vorderen Ende der Kurbelwelle wurde der Antrieb des Roots-Kompressors abgeleitet, der mit einem Überdruck von 130 kPa arbeitete. Die vier Zylinder hatten je vier Ventile, und ihre Köpfe waren nicht abnehmbar. Neu waren die als I-Profile geschmiedeten Schubstangen im Unterschied zu den bisher gebräuchlichen hohlen Rundprofilen.

Die strömungsgünstige Karosserie saß auf einem rechteckigen Rahmen, der im Heck gebogen war und unter der hinteren Starrachse verlief. Sie wurde durch Längsblattfedern gefedert. Die Vorderräder waren unabhängig aufgehängt und durch Drehstäbe gefedert. Die Kardanwelle führte durch ein Rohr, das beweglich am Differential befestigt war und so auch die Gleitkräfte übertrug. Unter dem mittig angeordneten Fahrersitz befand sich der Ölbehälter.

Das Auto wog 630 kg und erreichte eine Geschwindigkeit von 230 km/h, so daß es bereits bei seinem ersten Grand-Prix-Rennen in Tripolis 1939 eine gleichwertige Konkurrenz für Alfa Romeo und Mercedes bildete. Trotz der zahlenmäßigen Überlegenheit der italienischen Rennwagen siegten jedoch die Mercedes. Die Maseratis waren dann beim Großen Preis von Südafrika erfolgreich, wo Luigi Villoresi mit einem Durchschnitt von 160,4 km/h siegte. Auf die Plätze 2 und 3 kamen seine Teamkollegen Franco Corteso und Massacurati. Nach dem Krieg war der Typ 4 CL noch einmal mit Villoresi beim Großen Preis von Frankreich in Nizza erfolgreich.

ALFA ROMEO 158   1947

Hersteller: Alfa Romeo SpA, Mailand, Italien

Bereits 1937 begann Ing. Gioacchino Colombo mit den Entwicklungsarbeiten für einen neuen Rennwagen, der unter der Typenbezeichnung 158 in den Jahren 1947 bis 1951 die uneingeschränkte Spitzenposition bei den Grand-Prix-Rennen einnehmen sollte.

Das für die 1,5-Liter-Klasse bestimmte Auto hatte einen Achtzylinder-Reihenmotor, der vom Sechzehnzylinder des Typs 16 C-316 abgeleitet war. Mit 58 mm Bohrung und 70 mm Hub hatte der Motor einen Hubraum von 1479 cm^3. Seine Leistung betrug bis 1938 144 kW (195 PS) bei 7200 U/min. Die in Gleitlagern laufende Kurbelwelle trieb auch einen einstufigen Roots-Kompressor und zwei obenliegende Nockenwellen an, von denen eine wiederum für den Antrieb der Kraftstoffpumpe sorgte. Der Zylinderblock aus einer Leichtmetallegierung hatte sogenannte trockene Zylinderbuchsen. Das auch Alfetta genannte, einsitzige Auto hatte ein Vierganggetriebe, das sich zusammen mit dem Differential der Hinterachse in einem Block befand (Transaxle-Anordnung).

Für das Jahr 1939 wurde der Motor mit sieben Wälzlagern für die Kurbelwelle ausgerüstet. Damals leistete er bereits 166 kW (225 PS) bei 7500 U/min. Villoresi belegte mit ihm den dritten Platz beim Großen Preis von Tripolis. Der Rohrrahmen trug vorn die an Längskurbeln aufgehängten Räder, hinten befanden sich Schwinghalbachsen mit negativem Radsturz. Querblattfedern und hydraulische Dämpfer sicherten vorn und hinten die Federung. Das Auto hatte ein Gewicht von ungefähr 900 kg und erreichte als Höchstgeschwindigkeit 225 km/h.

Im Jahre 1946 erschien dann der modernisierte Alfetta 158 C mit einem zweistufigen Kompressor, der durch einen Ladedruck von 220 kPa die Leistung des Motors auf 191 kW (260 PS) steigerte. Der Motor hatte jedoch weitere Reserven, und so wurde das Modell des Jahres 1947 mit einem noch stärkeren Kompressor ausgerüstet, der das Gemisch unter einem Druck von 300 kPa zusammenpreßte. Die Leistung dieses Typs betrug 195 kW (265 PS) bei 7000 U/min. Damit waren 280 km/h möglich.

Es ist fast unmöglich, alle Siege anzuführen, die der Alfetta in der Zeit von 1946 bis 1951 errang. Im Jahre 1947 belegten Wimille, Graf Trossi, Varzi und Sanesi die ersten drei Plätze bei den Großen Preisen der Schweiz, in Belgien, in Italien und den zweiten und dritten Platz in Argentinien. Jean-Pierre Wimille gewann damit die Europameisterschaft 1948, und Giuseppe Farina wurde 1950 Weltmeister.

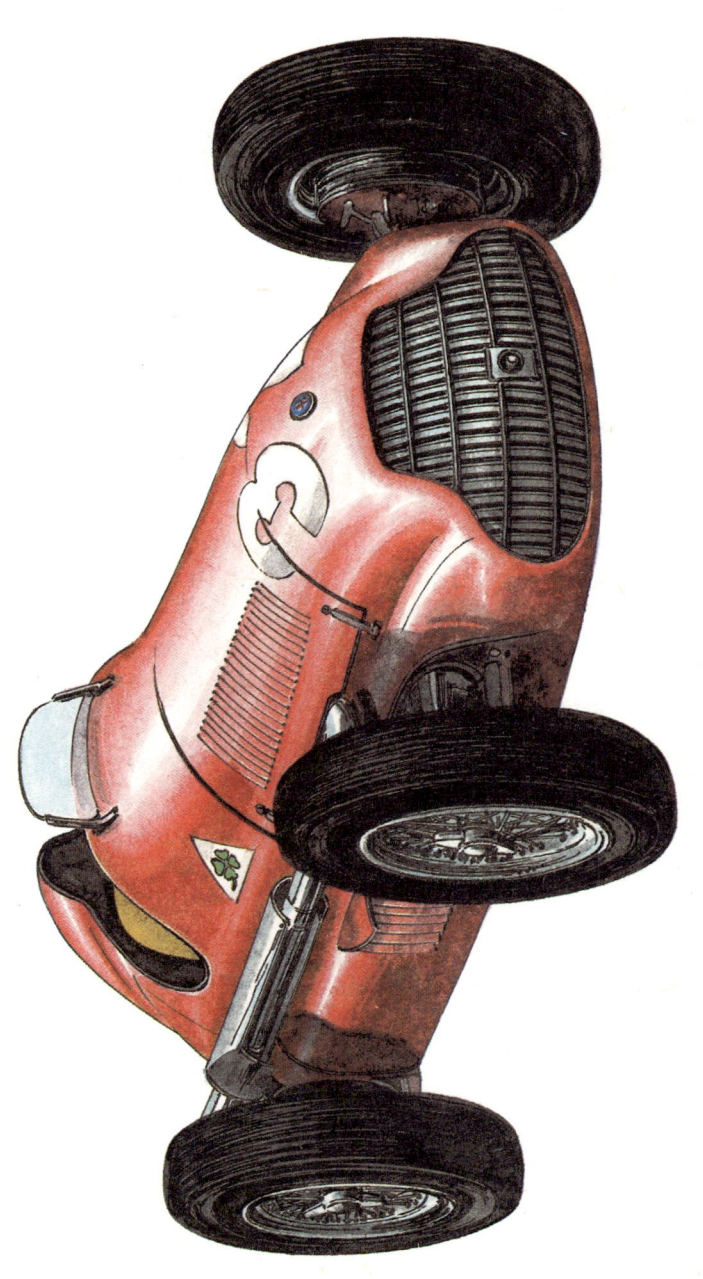

MASERATI 4 CLT   1948

Hersteller: Officine Alfieri Maserati SpA, Modena, Italien

Im Jahre 1947 lief der zehnjährige Vertrag zwischen Adolfo Orsi und den Brüdern Maserati aus. Sie verließen die Firma und gründeten in Bologna die OSCA (Officine Specializzate Costruzioni Automobili). Leiter der Fahrzeugkonstruktion bei Maserati wurde Ing. Massimine.

In diesem Jahr wurde der Typ 4 CL zum Typ 4 CLT weiterentwickelt. Das Fahrzeug erhielt einen neuen Rohrrahmen und eine strömungsgünstige Karosserie mit der charakteristischen Kühlermaske. Der ursprüngliche DOHC-gesteuerte Sechzehnventilmotor war mit der Lamellen-Trockenkupplung und dem Vierganggetriebe verblockt. Die Kardanwelle verlief jedoch nicht mehr im gelenkartig befestigten Rohr. Zwei Schräglenker, die die hintere Starrachse mit dem Rahmen verbanden, übertrugen die Gleitkräfte.

Für die Ausführung des Jahres 1948 wurde ein Zweistufen-Kompressor eingesetzt, wodurch der Motor eine Leistung von 191 kW (260 PS) bei 7000 U/min erreichte. Es existierten auch noch leistungsstärkere Varianten mit 213 kW (290 PS), und für die freie Formel war der Typ 4 CLT 50 bestimmt, der einen auf 90 mm vergrößerten Hub und damit 1719 cm³ Hubraum hatte. An der Vorderachse saßen unabhängig aufgehängte Räder mit schrägen Zentralspiralfedern. Die Steuerung der Vorderräder erfolgte über die Lenkung mit Schneckengetriebe. Der Kraftstofftank faßte 190 l und das 625 kg schwere Auto erreichte eine Höchstgeschwindigkeit von 260 km/h.

Während der ersten drei Jahre, die der Maserati 4 CLT an Grand-Prix-Rennen teilnahm, wurde er zum meistgefahrenen Auto auf den Rennstrecken. Fahrer waren unter anderen Luigi Villoresi, Albero Ascari (der Sohn von Antonio Ascari), Giuseppe Farina, Louis Chiron, Emanuel de Graffenried, Nello Pagani und seit 1949 auch einer der größten Rennfahrer aller Zeiten und fünffacher Weltmeister, der Argentinier Juan Manuel Fangio. Villoresi errang auf Maserati 4 CLT 1948 den Großen Preis von England in Silverstone, den zweiten Platz beim Großen Preis von Italien in Turin sowie jeweils den dritten Platz beim Großen Preis von Europa in Bern und beim Großen Preis von Frankreich in Reims. Den Großen Preis von Monaco gewann Giuseppe Farina, und dritter wurde ebenfalls ein Maserati mit dem Schweizer Rennfahrer de Graffenried.

FERRARI 125 1949

Hersteller: Auto Costruzione Ferrari, Modena, Italien

Enzo Ferrari, eine der bedeutendsten Persönlichkeiten in der Welt
der Großen Preise, präsentierte 1946 seinen ersten Zwölfzylindermotor, der für GT-Tourenwagen-Rennen bestimmt war. Der Motor mit
einem Hubraum von 1497 cm^3 (55 mm Bohrung mal 52,5 mm Hub)
leistete 53 kW (72 PS) bei 5400 U/min. Ausgerüstet mit Kompressoren, wurde dieses Triebwerk später zum Ausgangsmodell eines für
die Grand-Prix-Rennen bestimmten Fahrzeuges, dessen Konstrukteur der erfahrene Ingenieur Gioacchino Colombo war.

Der Zwölfzylindermotor bestand aus zwei Elektrongußblöcken, in
denen nasse Buchsen lagen. Die Kurbelwelle war siebenfach gelagert, und die beiden obenliegenden Nockenwellen besorgten das
Öffnen der Einlaß- und Auslaßventile, während Haarfedern das
Schließen sicherten. Der Motor wurde von zwei Kompressoren, die
sich zwischen dem Dreifach-Webb-Fallstromvergaser und den Zylindern befanden, unter Druck gesetzt. Die Bärenkraft des Triebwerkes
wurde von einer Mehrscheiben-Trockenkupplung und einem Fünfganggetriebe, dessen fünfte Stufe als drehzahlsenkender Schnell-
gang diente, übertragen. Das Antriebsaggregat lag in einem Rahmen,
der aus Rohren mit ovalem Querschnitt zusammengeschweißt war.

Die Vorderräder saßen einzeln an Quertrapezen, deren untere Seite
die Querblattfeder bildete. Die hinteren Schwinghalbachsen hatten
Längslenker. Sie waren durch eine Querblattfeder gefedert, und ihre
Neigung konnte durch Schubstangen verstellt werden. Die Trom-
melbremsen in allen Rädern arbeiteten hydraulisch. Der große
Kraftstofftank, der sich hinter dem Fahrer befand, faßte 170 Liter.

Der Motor dieses Formelwagens mit zwei Kompressoren leistete
beinahe unglaubliche 221 kW (300 PS) und war gut für eine Höchstgeschwindigkeit von 300 km/h. Damit war er das schnellste Fahrzeug
bei den Großen Preisen des Jahres 1949. Gleichzeitig wurde der
Ferrari zum erfolgreichsten Rennwagen jener Saison, in der er vier
Große Preise gewann. Alberto Ascari siegte beim Großen Preis der
Schweiz in Bern (Durchschnitt 145,2 km/h) und beim Großen Preis
von Europa in Monza (168,1 km/h), Luigi Villoresi punktete beim
Großen Preis von Holland in Zandvoort (123,4 km/h), und beim
letzten Großen Preis der Tschechoslowakei in Brünn siegte der
Engländer Peter Whitehead mit einer Durchschnittsgeschwindigkeit
von 126,7 km/h.

TALBOT 4,5 L   1949

Hersteller: Automobiles Talbot, Suresnes, Frankreich

Eine Marke, die niemals Kompressoren einsetzte, war Talbot.
Als Grundlage des neuen 4,5-Liter-Motors diente ein Sechszylinder-
Reihenmotor, der sich bereits vor dem Krieg beim Großen Preis des
A. C. F. im Jahre 1937 im Talbot-Sport gut bewährte und dort die
ersten Plätze belegt hatte. Der OHV-Motor mit 93 mm Bohrung und
110 mm Hub hatte einen Hubraum von 4485 cm³. Sein Konstrukteur
war Anthony Lago, der ehemalige Direktor von Sunbeam. Der Motor
hatte zwei Kraftstoffpumpen und zwei Ölkühler. Er leistete maximal
184 kW (250 PS) bei 5000 U/min. Einlaß- und Auslaßventile wurden
von zwei Nockenwellen gesteuert, die von einem Zahnradsystem
angetrieben wurden, das die Bewegung vom vorderen Ende der in
sieben Gleitlagern laufenden Kurbelwelle weiterleitete. Die Doppelzündung besorgten zwei Magneten.
Die Antriebskraft wurde vom Motor über die Kupplung und ein
Vierganggetriebe auf die Hinterachse übertragen. Mit Hilfe einer
zusätzlichen Übersetzung konnte die Kardanwelle nach rechts aus der
Fahrzeuglängsachse verschoben werden, wodurch der Fahrersitz
und mit ihm auch der Schwerpunkt des Rennwagens tiefer gelegt
wurden. Die starre Antriebsachse war an halbelliptischen Längsblattfedern befestigt, und die Schwingungsdämpfung der Hinterachse
sicherte eine Kombination aus Reibungs- und Flüssigkeitsdämpfern.
Die Vorderräder waren unabhängig an Quertrapezen aufgehängt,
deren untere Seite von der Querblattfeder gebildet wurde. Das Modell
aus dem Jahre 1949 hatte noch mechanische Backenbremsen, doch
seit 1950 wurden nur noch hydraulische Duplex-Bremsen eingesetzt.
Das Auto hatte ein Gewicht von 1120 kg und erreichte eine Höchstgeschwindigkeit von 270 km/h.
Die größten Erfolge auf Talbot errang Louis Chiron, der mit ihm
1947 den Großen Preis von Frankreich in Lyon (Durchschnitt
125,7 km/h) und den Großen Preis in Comminges (126,7 km/h)
gewann. Auch auf dem zweiten und dritten Platz lagen Talbots
(Cabantous und Chabaud). Im Jahre 1949 siegte Chiron auf Talbot bei
seinem letzten Grand-Prix-Rennen — übrigens bereits das fünfte Mal
auf der Strecke um den Großen Preis von Frankreich, diesmals in
Reims. Für Talbot startete auch Louis Rossier, der beim Großen Preis
von Belgien siegte (Durchschnitt 155,1 km/h). Talbot war noch
Anfang der 50er Jahre auf dem Siegerpodest zu finden, aber die
wachsenden finanziellen Probleme zwangen diese hervorragende
französische Marke bald zum Verlassen der Rennszene.

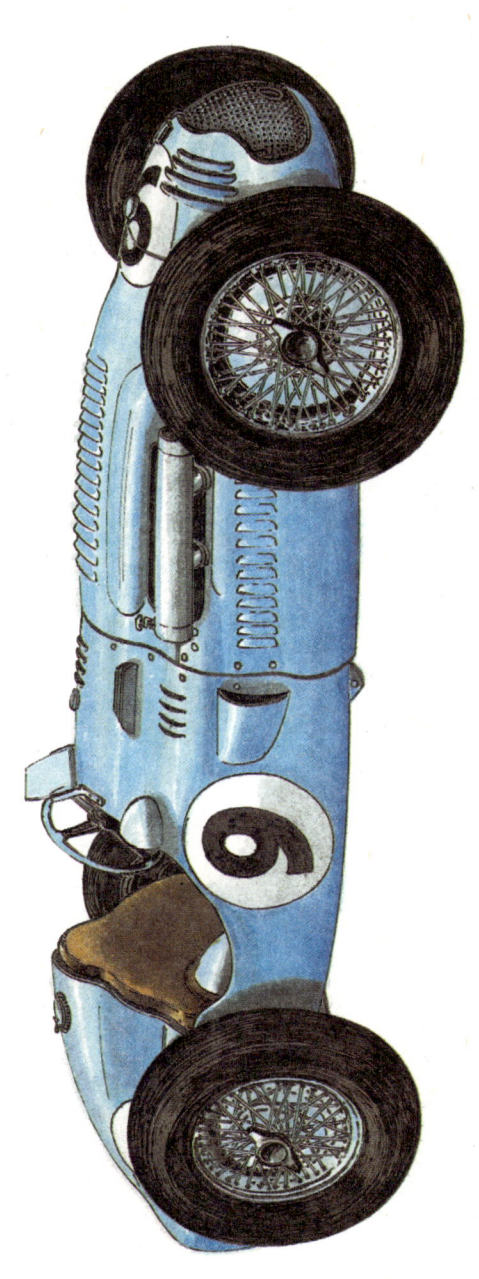

BRM V 16   1949

Hersteller: British Racing Motors, Lincolnshire, Bourne, Großbritannien

Im Jahre 1946 entstand auf Initiative von Raymond Mays und Peter Berthon eine Gesellschaft, die ein original britisches Formel-1-Auto auf die Räder stellen wollte. Die British Racing Motors (BRM) gewann für diese Idee in Großbritannien fast 160 Hersteller von Autos und Autozubehör. Das Ergebnis war ein spektakulärer Prototyp, der der Öffentlichkeit erstmals im Dezember 1949 vorgestellt wurde.

Der Konstrukteur Berthon hatte für den BRM einen Sechzehnzylindermotor mit Kompressor entworfen, was in Anbetracht des Hubraumes von 1496 cm^3 recht ungewöhnlich war. Die extrem leichten rotierenden und schwingenden Massen ermöglichten Motordrehzahlen von bis zu 10 000 U/min. Die Zylinder mit 49,5 mm Bohrung und 47,8 mm Hub waren in vier Blöcke aufgeteilt, die in einem Winkel von 135 Grad zueinander standen. Die DOHC-Ventilsteuerung erforderte vier Nockenwellen.

Die ursprünglich geplante Benzineinspritzung wurde durch zwei horizontal angeordnete SU-Vergaser ersetzt. Der zweistufige Rolls-Royce-Fliehkraftkompressor lud die Zylinder mit einem Druck von 400 kPa auf, und so konnte der Motor bei einem Verdichtungsverhältnis von 7,5 : 1 bis zu 294 kW (400 PS) leisten: Damit waren 305 km/h möglich! Ein Jahr später stieg die Leistung bereits auf 317 kW (430 PS) bei 11 000 U/min. Diese Spitzenleistung konnte aber nur in einem sehr engen Drehzahlbereich genutzt werden.

In einem Block befanden sich eine Lamellenkupplung − die über ein Untersetzungsgetriebe, das die Motordrehzahl auf die Hälfte senkte, bewegt wurde −, ein Fünfganggetriebe, das Verteilergetriebe und das ZF-Sperrdifferential. Die Vorderräder waren unabhängig voneinander an Längskurbeln vom Typ Porsche aufgehängt, während sich hinten eine De-Dion-Starrachse befand. Die Räder wurden durch eine hydropneumatische Lockheed-Federung geführt, die gleichzeitig die Dämpferfunktion erfüllte. Die hydraulischen Bremsen waren ursprünglich Trommelbremsen, wurden aber später durch Girling-Scheibenbremsen ersetzt. Der Rohrrahmen trug eine leichte Aluminiumkarosserie, leer wog der BRM anfangs 815 kg, das Gewicht späterer Versionen sank bis auf 700 kg.

Seine Rennpremiere erlebte das Auto in Silverstone im Jahre 1950. Raymond Sommer mußte jedoch gleich zu Beginn ausscheiden. Parnell erreichte beim Woodcote Cup in Goodwood den ersten Sieg.

FERRARI 375   1951

Hersteller: Auto Costruzione Ferrari, Modena, Italien

Die Rennsaison 1950 gehörte ganz eindeutig der Marke Alfa Romeo, die bei elf Starts elfmal siegte. Aber auch bei der Konkurrenz schlief man nicht: Für die zweite Saisonhälfte 1950 war bei Ferrari ein neues Modell mit 4,5-Liter-Motor ohne Kompressor vorbereitet worden. Es wurde von Ing. Aurelio Lampredi konstruiert, der Colombo abgelöst hatte. Lampredi entdeckte die altbewährte De-Dion-Hinterachse neu und federte sie durch eine Sechsblatt-Querfeder ab. Zur Übertragung der Längskräfte dienten Längslenker. Die Vorderräder waren an Quertrapezen aufgehängt, deren Unterteil die Querblattfedern bildeten. Die Schwingungsdämpfung hatten hydraulische Dämpfer übernommen und das Fahrzeug verfügte bereits damals über hydraulische Zweikreis-Bremsen. Die Basis des rechteckigen Rahmens bildeten ovale Rohre mit Querträgern und Konsolen.

In den 1950 eingesetzten Versionen wurde der Hubraum schrittweise von 3300 auf 4100 cm^3 vergrößert und erreichte schließlich 4498 cm^3 (80 mm Bohrung mal 74,5 mm Hub). In der letzten Ausführung mit einem Verdichtungsverhältnis von 14,5 : 1 kam der Motor bei 7500 U/min auf eine Leistung von 280 kW (380 PS). Die Motorkonzeption entsprach der des Typs 125: Es handelte sich wieder um einen Zwölfzylindermotor in 60-Grad-V-Anordnung. Die Zylinderköpfe aus einer Leichtmetallegierung hatten ein größer dimensioniertes Einlaß- und ein kleineres Auslaßventil. Die Nockenwellen wurden von einer Kette angetrieben. Die Kurbelwelle lief in sieben Vanderwell-Gleitlagern mit Dreilagenfutter. Die Zündung der 24 Zündkerzen sicherten zwei Marelli-Magnete, und zwei hintereinander angeordnete Kraftstoffpumpen beförderten das Gemisch zu drei Duplex-Fallstromvergasern vom Typ Weber. Das Vierganggetriebe war mit dem Verteilergetriebe unter dem Fahrersitz in einem Block zusammengefaßt.

Das leere Fahrzeug wog 720 kg, im Betriebszustand waren es 1040 kg. Es erreichte eine Höchstgeschwindigkeit von 300 km/h und war ein gleichwertiger Konkurrent für die 1,5-Liter-Kompressorfahrzeuge. Im Jahre 1951 gewann Alberto Ascari für Ferrari zwei Große Preise: auf dem Nürburgring (Durchschnitt 134,1 km/h) und in Monza (184,8 km/h). Den dritten Sieg für die Scuderia Ferrari errang Froilan Gonzales beim Großen Preis von England (153,8 km/h).

ALFA ROMEO 159 1951

Hersteller: Alfa Romeo SpA, Mailand, Italien

Im Jahre 1951 wurden die Alfetta-Wagen noch einmal modernisiert: Die hinteren Schwinghalbachsen wichen einer De-Dion-Starrachse mit Gelenkwellen, und ein stärkerer Kompressor mit einem Ladedruck von 300 kPa kam zum Einsatz. So konnte die Leistung des ansonsten unveränderten Achtzylindermotors mit 1482 cm³ Hubraum auf 297 kW (404 PS) gesteigert werden. Damit kletterte die Höchstgeschwindigkeit auf 310 m/h: Mit solchen Leistungsdaten war man der gesamten Konkurrenz (ERA, Maserati, Talbot, Ferrari) überlegen.

Der Motor hatte eine Zwangsumlaufkühlung, als Kühlmittel eine Alkoholmischung und auch einen entsprechend hohen Kraftstoffverbrauch: 170 l auf 100 km! Dies erforderte den Einbau von 300-l-Tanks, was zum Renngewicht von 1100 kg führte. Dies erforderte dann auch neu dimensionierte Bremsen.

Obwohl Alfa Romeo im Jahre 1949 die weitere Entwicklung von Rennwagen aufgegeben hatte, nahmen ihre Fahrer auch noch im darauffolgenden Jahr an elf Rennen teil, die sie alle gewannen. Der Typ 159, der auch bei Großen Preisen im Jahre 1951 startete, war der Siegerwagen beim Großen Preis der Schweiz in Bern (Fangio mit durchschnittlich 142,5 km/h), beim Großen Preis von Spanien in Montjuich Park (ebenfalls Fangio mit 158,9 km/h), und beim Großen Preis von Europa in Reims (Fagioli mit 177,6 km/h). Und Giuseppe Farina war beim Großen Preis von Belgien in Spa erfolgreich (182,8 km/h). Man kann also mit Fug und Recht behaupten, daß der Typ 158/159 das erfolgreichste Modell von Alfa Romeo und während der Nachkriegszeit bis 1951 auch der überhaupt beste Grand-Prix-Rennwagen war.

SIMCA GORDINI 1952

Hersteller: Sté Industrielle de Méchanique et Carrosserie Automobile, Nanterre, Seine, Frankreich

Für die Jahre 1952 und 1953 schrieb die FIA eine Weltmeisterschaft für die Formel 2 aus, um auch Autohersteller mit geringeren finanziellen Mitteln zur Teilnahme an Rennen zu veranlassen. So kam es, daß sich in der Saison 1952 auch Simca-Gordini an Grand-Prix-Rennen beteiligen konnte.

Amédée Gordini hatte sich bereits vor dem Zweiten Weltkrieg auf Sportausführungen von Autos der Marke Simca spezialisiert. Nach dem Krieg baute er seinen ersten Monoposto mit Vierzylindermotor, der 48 kW (65 PS) bei einem Hubraum von 1,1 Liter leistete. Schrittweise wurde der Motor dann vergrößert, bis er 1949 bei gleichbleibender Bohrung und 78 mm Hub einen Hubraum von 1490 cm^3 erreichte.

Der Gußblock des Motors hatte Stahlbuchsen, und die Kurbelwelle lag fünffach in Vanderwell-Gleitlagern. Die DOHC-Ventilsteuerung lief über zwei obenliegende Nockenwellen. 1951 wurde der Motor mit einem Roots-Kompressor ausgerüstet, der das Gemisch aus dem Vergaser auf 200 kPa verdichtete. Damit konnte eine Leistung von 133 kW (180 PS) bei 7000 U/min erzielt werden. Die enorme Höchstgeschwindigkeit von 235 km/h erreichte der Simca-Gordini auch dank seines außerordentlich geringen Gewichtes, das für das leere Fahrzeug nur rund 400 kg betrug.

Das Fahrzeug war entweder mit einem Viergang- oder einem Fünfganggetriebe ausgerüstet, wobei die fünfte Schaltstufe als Schongang übersetzt war. Die Antriebs- und Getriebeaggregate lagerten in einem Rahmen aus dünnwandigen Rohren und waren von einer Aluminiumblechkarosserie verkleidet. Die Vorderräder waren unabhängig an Quertrapezen aufgehängt, die Hinterachse war starr. Für die Federung sorgten vorn Spiralfedern mit Teleskopschwingungsdämpfern und hinten Längsdrehstäbe. Die hydraulisch betätigten Trommelbremsen wirkten auf alle vier Räder.

In den Siegestabellen der Großen Preise ist die Marke nur einmal zu finden: Simca-Gordini siegte beim Großen Preis von Reims im Jahre 1952, wo es dem französischen Rennfahrer Jean Béhra gelang, das gesamte Ferrari-Team mit einer Durchschnittsgeschwindigkeit von 168,6 km/h zu schlagen.

FERRARI 625   1954

Hersteller: Auto Costruzione Ferrari, Modena, Italien

Bei den Großen Preisen der Jahre 1952/1953 siegten die Ferraris ganz souverän. 1952 gewann Ascari sechs Grand-Prix-Rennen, ein Jahr später errang er fünf von sieben Großen Preisen und wurde so zweimal hintereinander Weltmeister. Erstaunlicherweise hatte der Siegerwagen nur einen Vierzylindermotor!

Die neue Formel, die von 1954 bis 1960 galt, schrieb Motoren bis maximal 2,5 Liter ohne Aufladung beziehungsweise 750 cm^3 mit Aufladung vor. Ausgehend vom Zweiliter-Vierzylinder F 2 bereitete Ing. Lampredi nun für 1954 das Modell 625 vor. Durch die Vergrößerung der Bohrung auf 94 mm und des Hubs auf 90 mm wurde ein Hubraum von 2498 cm^3 erreicht. Die Leistung des kompressorlosen Rennwagens stieg nunmehr auf 169 kW (230 PS) bei 7000 U/min. Das leere Fahrzeug wog 640 kg und erreichte eine Höchstgeschwindigkeit von 250 km/h.

Zur Ausrüstung gehörten selbstverständlich Duplex-Trommelbremsen. Bei einem Verbrauch von 30 l auf 100 km war der 170-l-Tank für eine Strecke von 550 km ausreichend. Das Vierganggetriebe lag dicht hinter der De-Dion-Hinterachse, die durch eine Querblattfeder gefedert wurde. Die Vorderräder waren unabhängig an Quertrapezen aufgehängt und mit Spiralfedern versehen.

Der größte Erfolg des Ferrari 625 waren 1954 die ersten beiden Plätze von Froilan Gonzales (Durchschnitt 144,3 km/h) und Mike Hawthorn beim Großen Preis von Großbritannien in Silverstone, als sie die überlegenen Mercedes-Wagen schlugen. Den zweiten Sieg für Ferrari erkämpfte Hawthorn beim Großen Preis von Spanien in Barcelona. Dort fuhr er allerdings den leistungsstärkeren Typ 553.

Der Typ 625 startete in einer etwas veränderten Ausführung auch im Jahre 1955. Der aus dem Ferrari 553 stammende Motor hatte eine Leistung von 195 kW (265 PS) bei 7500 U/min. Das Auto besaß bereits ein Fünfganggetriebe und wegen seines Aussehens bekam es den Spitznamen Super Squalo (Superhai). Mit diesem Wagen gewann Maurice Trintignant den Großen Preis von Monaco, der gleichzeitig als Großer Preis von Europa ausgeschrieben war, mit einer Durchschnittsgeschwindigkeit von 105,3 km/h. Bei diesem Rennen kam kein Mercedes ins Ziel. Den zweiten Platz belegte Eugenio Castellotti auf Lancia.

MASERATI 250 F   1954

Hersteller: Officine Alfieri Maserati SpA, Modena, Italien

Das erfolgreichste Nachkriegsmodell von Maserati war ohne
Zweifel der Typ 250 F, auf dem Fangio 1954 Weltmeister wurde.

Für die neue Formel, die den Hubraum nichtaufgeladener Motoren
auf 2,5 Liter begrenzte, hatte der Konstrukteur Gioacchino Colombo
den neuen Sechszylinder 250 F entwickelt. Bei dem ersten Rennen,
dem Großen Preis von Argentinien in Buenos Aires, wurden die
Motoren noch auf Fahrgestelle des Formel-2-Typs A 6 GCM aus dem
Jahre 1950 montiert. Mit diesen Fahrzeugen starteten die Privatfahrer
Harry Schell, de Graffenried, Roberto Miéres, Louis Rosier und
andere. Die Werksfahrer Fangio und Onofré Marimon fuhren bereits
neue Autos mit einem leichten Rohrrahmen.

In den Typ 250 F wurden zwischen 1954 und 1958 verschiedene
Motoren eingebaut. Das Modell 1954 hatte 84 mm Bohrung, 75 mm
Hub und somit einen Hubraum von 2494 cm³. Mit zwei obenliegenden
Nockenwellen erreichte es 177 kW (240 PS) bei 7200 U/min, später
sogar 199 kW (270 PS) bei 8000 U/min. In jedem Zylinder saßen zwei
Zündkerzen, die von zwei Magneten mit Energie versorgt wurden. Die
Antriebskraft wurde über eine Drehscheiben-Trockenkupplung, ein
Viergang-, später über ein Fünfganggetriebe, an die De-Dion-Hinterachse weitergegeben. Das Getriebe lag quer im Fahrzeug, und das
Verteilergetriebe war mit Stirnradgetriebe und ZF-Sperrdifferential
versehen. Die Vorderräder hingen unabhängig an Quertrapezaufhän-
gungen und wurden durch Spiralfedern mit Houdaille-Dämpfern
gefedert. Die Duplex-Flüssigkeitsbremsen hatten Bremstrommeln
mit Querrippen zur besseren Kühlung. Auf die Rudge-Whitworth-Räder waren Pirelli-Reifen montiert (vorn 5,50 × 16, hinten 7,00 × 16).

Im Laufe des Jahres 1954 erhielten einige Wagen des Typs 250 F in
der niedrigen senkrechten Front Öffnungen zur Kühlung durch den
Fahrtwind. Im September 1955 entstand auch eine Version mit
strömungsgünstiger Verkleidung der Vorder- und Hinterräder, mit
der Jean Béhra den vierten Platz beim Großen Preis in Monza belegte.
Dieses Auto wurde bei einem Werksbrand im Juli 1956 vernichtet.

LANCIA D 50   1954

Hersteller: Fabbrica Automobili Lancia & Co., Turin, Italien

Autos der Marke Lancia waren auf den Grand-Prix-Rennstrecken nur sehr selten zu finden — und zwar fast ausschließlich in den Händen von Privatfahrern. Um so überraschender waren die ersten Werksentwürfe für ein Formel-1-Auto im Jahre 1953. Dies war sicher auch ein Verdienst der neuen Firmenleitung, die nach dem Tode von Vincenzo Lancia sein Sohn Gianni übernahm. Er hatte für die Firma auch den außergewöhnlich begabten Konstrukteur Vittorio Jano gewonnen. Unter seiner Leitung entstand der erste und einzige Formel-1-Lancia mit der Bezeichnung D 50, der mit seiner Leistung der Konkurrenz Paroli bieten konnte.

Das Auto erhielt einen Achtzylinder-V-Motor mit 76 mm Bohrung und 68,5 mm Hub (Hubraum 2489 cm^3). Es verfügte über eine Marelli-Doppelzündung und vier Duplex-Vergaser von Weber. Mit der DOHC-Ventilsteuerung durch vier Nockenwellen erreichte der Motor bereits im Jahre 1954 reichlich 184 kW (250 PS) bei 8500 U/min. Wegen des Einsatzes einer am Fahrersitz vorbeiführenden Kardanwelle zur Übertragung der Antriebskraft auf die Hinterräder war der Motor exzentrisch vorn im Rohrrahmen gelagert. Die leichte Aluminiumkarosserie nahm auch die Benzintanks auf. Vorn hatte das Auto unabhängig aufgehängte Räder, hinten wurde eine De-Dion-Starrachse eingesetzt. Hydraulische Bremsen und ein Fünfganggetriebe gehörten mittlerweile zur Standardausrüstung. Der Lancia D 50 zeichnete sich besonders durch seine unglaubliche Beschleunigung und die Höchstgeschwindigkeit von 270 km/h aus.

Der größte Erfolg des Lancia D 50 war der zweite Platz Eugenio Castellottis beim Großen Preis von Monaco in Monte Carlo im Jahre 1955, als auch Ascari, Chiron und Villoresi zum Lancia-Team gehörten. Der favorisierte Lancia mit Ascari am Steuer, führte einen großen Kampf mit Trintignant auf Ferrari, bis er am Hafenufer ins Schleudern geriet und ins Meer stürzte. Alle ersten drei Plätze belegte Lancia beim Großen Preis von Turin — aber dieses Rennen wurde nicht für die Weltmeisterschaft gewertet.

Auch wenn der Typ 50 D keinen Großen Preis gewinnen konnte — seine Ausfälle waren oft auf technisches Versagen oder die ungenügende Kurvenstabilität zurückzuführen, war er doch das Ausgangsmodell für den Lancia/Ferrari, der die Weltmeisterschaft des Jahres 1956 gewann.

MERCEDES-BENZ W 196   1954

Hersteller: Daimler-Benz AG, Stuttgart, Deutschland

1952 begann Daimler-Benz mit der Vorbereitung eines völlig neuen Rennwagens mit der Bezeichnung W 196. Leiter war der technische Direktor, Fritz Nallinger, und der Leiter der Rennabteilung, Rudolf Uhlenhaut. Der Aufwand war enorm: Es waren fast 1200 Techniker beteiligt. Die Investitionen erfüllten alle Erwartungen.

Der Achtzylinder-Reihenmotor mit zwei obenliegenden Nockenwellen hatte eine sogenannte desmodromische Ventilsteuerung, das heißt, die Ventile wurden anstelle von Federn durch den mechanischen Antrieb der Nocken geschlossen. Nur so konnte man die höheren Drehzahlen des Motors beherrschen und nutzen. Die Höchstleistung von 221 kW (300 PS) wurde erst bei 9000 U/min erreicht! Bei diesem neu entwickelten Triebwerk verwendete man zum ersten Mal für Formel-Rennwagen die direkte Kraftstoffeinspritzung mit einer Bosch-Einspritzpumpe. Diese Gemischaufbereitung war zuvor im Mercedes-Sportwagen 300 SL getestet worden. Der Motor mit einem Hubraum von 2496 cm^3 (76 mm Bohrung mal 68,8 mm Hub) hatte zur Leistungserhöhung eine Doppelzündung.

Die zehnfach gekröpfte Kurbelwelle aus Einzelsegmenten mit Hirth-Verzahnung lief in Kugellagern. Sie leitete das Drehmoment über ein Zahnradgetriebe, das gleichzeitig die Funktion des Schwungrades erfüllte, zur Einscheiben-Trockenkupplung. Der Motor war im 60-Grad-Winkel gegen die Längsebene geneigt, um eine strömungsgünstige Karosserieform zu ermöglichen, sowie einen niedrigen Schwerpunkt zu erzielen. Das vollsynchronisierte Fünfganggetriebe war im Interesse einer gleichmäßigen Gewichtsverteilung erst hinter der Hinterachse untergebracht. Dort befanden sich auch die Tanks für Kraftstoff und Öl. Der leichte Rohrrahmen wog nur 36 kg.

Die vordere Einzelradaufhängung in Form einer Trapez-Querlenkeraufhängung war torsionsstabgefedert. Zusätzlich kamen Teleskopstoßdämpfer und ein Drehstab-Stabilisator zum Einsatz. Die Hinterräder hingen an Schwinghalbachsen mit tiefer gelegtem Drehpunkt. Deren Federung übernahmen Längsdrehstäbe und die Belastungsveränderung beim Entleeren des Tanks konnte durch eine zusätzliche, manuell verstellbare Feder ausgeglichen werden.

Die Bremsen waren dicht beim Differential angeordnet, um die ungefederten Massen so gering wie möglich zu halten. Die Kühlung der Bremsen sicherten ventilatorradförmig gegossene Bremstrommeln. Das Auto hatte ursprünglich eine stromlinienförmige Karosserie, mit der es eine Höchstgeschwindigkeit von 270 km/h erreichte.

MERCEDES-BENZ W 196   1955

Hersteller: Daimler-Benz AG, Stuttgart, Deutschland

Der erneuerte Mercedes-Benz W 196 mit der strömungsgünstigen Karosserie ging zum ersten Mal am 4. Juli 1954 beim Großen Preis von Frankreich in Reims an den Start – genau 40 Jahre nach dem Sieg Lautenschlagers auf Mercedes beim Großen Preis des A. C. F. im Jahre 1914. Diesmal starteten auf Mercedes die Fahrer Juan Manuel Fangio, Karl Kling und der Neuling Hans Herrmann. Fangio gewann den Großen Preis mit einer Durchschnittsgeschwindigkeit von 186,6 km/h. Zweiter wurde Karl Kling.

Beim nächsten Großen Preis, diesmal in England, machten sich jedoch die Nachteile der Karosserie bemerkbar, die den gesamten Wagen voll verkleidete. Im Dickicht der Kurven, die durch Fässer markiert waren, konnte auch ein so mit allen Wassern gewaschener Fahrer wie Fangio die augenblickliche Stellung der Vorderräder kaum erkennen und wurde nur vierter. Der Mercedes erhielt daraufhin eine neue Monoposto-Karosserie mit freiliegenden Rädern, und der Radstand wurde auf 2210 mm verkürzt. Auf diesem 640 kg schweren Fahrzeug gewann Fangio den Großen Preis der Schweiz in Bern (Durchschnitt 159,6 km/h), den Großen Preis von Deutschland auf dem Nürburgring (134,1 km/h) und den Großen Preis von Italien in Monza (180,2 km/h). Beim letzten Großen Preis von Spanien wirbelte ihm eine weggeworfene Zeitung vor die vordere Ansaugöffnung und blieb am Kühler haften. Fangio fiel mit stotterndem Motor auf den dritten Platz zurück, aber der Vorsprung aus den vorangegangenen Rennen reichte ihm zum zweiten Weltmeistertitel.

Noch überwältigender waren die Erfolge von Mercedes im Jahre 1955, als sie in allen sechs gepunkteten Weltmeisterschaftsrennen erfolgreich waren und nur einmal nicht siegten. Allein Fangio siegte in vier Großen Preisen: in Argentinien (Durchschnitt 124,1 km/h), in Belgien (191,1 km/h), in Holland (143,4 km/h) und in Italien (205,6 km/h). Den fünften Großen Preis für Mercedes errang Stirling Moss in England (138,4 km/h).

Außer beim Großen Preis von Monaco, wo alle Wagen von Mercedes ausfielen, stand jenes Jahr wieder im Zeichen der „Silberpfeile". Umso überraschender war deshalb die Erklärung von Prof. Dr.-Ing. Fritz Nallinger Ende 1955, daß Daimler-Benz ihre Renntätigkeit einstellen und die gewonnenen Erfahrungen verstärkt in die Serienproduktion von Personenwagen einfließen lassen würde. Das Modell W 196 gelangte so auf der Höhe seines Ruhms vorzeitig in das Stuttgarter Werksmuseum.

BUGATTI 251　　　　　　　　　　1956

Hersteller: Automobiles E. Bugatti, Molsheim, Frankreich

Beim Großen Preis von Frankreich in Reims versuchten die Molsheimer Techniker, mit einem neuen Auto unter der Typenbezeichnung 251 an die Ruhmesfahrten vergangener Tage anzuknüpfen.

Die unkonventionelle Konstruktion von Ing. Gioacchino Colombo zeichnete sich durch einen hinter dem Fahrersitz quer eingebauten Motor aus. Das Achtzylinder-Reihentriebwerk mit 76 mm Bohrung und 68,5 mm Hub (Hubraum 2486 cm³) war aus zwei zusammengefügten Vierzylinderblöcken gebildet worden. Die Leistung betrug 169 kW (230 PS) bei 8000 U/min und die beiden obenliegenden Nockenwellen wurden von einem Zahnradsystem angetrieben. Die Kurbelwelle lief in zehn Gleitlagern. Weiterhin erwähnenswert: die doppelte Marelli-Zündung.

Die Antriebskraft wurde, ähnlich wie beim Mercedes W 196, von der Mitte der Kurbelwelle abgeleitet und über eine Trockenkupplung an ein voll sychronisiertes Porsche-Fünfganggetriebe weitergegeben. Wegen der Querlage des Motors entfiel die rechtwinklige Übertragung der Antriebskraft, die deshalb über kurze Gelenkwellen zur De-Dion-Hinterachse gelangte. Die Unterbringung der Kraftstofftanks seitlich am Fahrzeug zwischen den Vorder- und Hinterrädern sollte zur gleichmäßigen Gewichtsverteilung auf beide Achsen beitragen. Trotzdem übersteuerte der Bugatti 251 stark. Die Vorderachse war nicht mehr auf dem Stand der Technik: Sie war als Starrachse mit Spiralfederung ausgelegt. Diese Lösung, die im Widerspruch zum Bemühen um möglichst geringe ungefederte Massen stand, wurde wahrscheinlich wegen der stabileren Spur und der besseren Radgeometrie gewählt.

Der Bugatti 251 hatte hydraulisch betätigte Scheibenbremsen und Speichenräder. Das Fahrgestell war durch querliegende Spiralfedern gefedert, die mit Teleskop-Stoßdämpfern versehen waren. Es wurden nur zwei Exemplare von diesem Typ hergestellt. Bugatti hoffte, der Wagen könnte mit den starken Ferrari und Porsche mithalten. Aber bereits bei der Premiere in Reims fiel Maurice Trintignant mit dem Bugatti 251 aus. In Anbetracht der hohen finanziellen Aufwendungen wurde der vielversprechende Typ 251 nicht weiter entwickelt, und der Name Bugatti verschwand für immer von den Grand-Prix-Strecken.

BRM 25 1956

Hersteller: British Racing Motors, Lincolnshire, Bourne, Großbritannien

Die erfolglosen Einsätze des komplizierten Sechzehnzylindermotors und die weiter andauernde Störanfälligkeit des BRM führte zur Entscheidung, das Unternehmen aufzulösen und die Fahrzeuge zu verkaufen. Im Jahre 1953 übernahm Sir Alfred Owen, Eigentümer von Rubrey, Owen & Co. Ltd., die Firma BRM und gründete die Owen Racing Organisation. An Rennen nahm er jedoch weiterhin unter der alten Markenbezeichnung BRM teil. Die Autos erhielten nach der gültigen Formel einfachere Vierzylindermotoren, die zunächst noch vorn eingebaut waren. Die Reihenmotoren hatten 2497 cm^3 Hubraum, eine Bohrung von 102,9 mm und 74,9 mm Hub. Die DOHC-Ventilsteuerung besorgten zwei obenliegende Nockenwellen.

Bis 1958 war die Zusammensetzung des Kraftstoffes nicht verbindlich geregelt. Meist wurde ein Gemisch aus Alkohol, Benzol und Benzin mit Rizinusölzusatz verwendet. Der BRM 25 von 1955 fuhr einen Kraftstoff mit einem 50 prozentigen Alkoholzusatz und erreichte eine Höchstleistung von 183 kW (248 PS) bei 9000 U/min. Ein Jahr später gelang es, die Leistung auf 199 kW (270 PS) bei 7500 U/min zu steigern. Die letzte Version des Typs 25 aus dem Jahre 1957 erbrachte bereits eine Leistung von 212 kW (288 PS) bei 8250 U/min.

Das Auto zeichnete sich durch einige Superlative aus: Es hatte einen extrem kurzhubigen Motor und war in seinen Außenabmessungen der kleinste und leichteste Rennwagen. Sein Hauptmangel waren die Scheibenbremsen, die sehr störanfällig waren.

Siegreich war damit Jean Béhra vor seinem Teamkollegen Harry Schell und Ron Flockhart beim Großen Preis in Silverstone. Im Jahre 1958 errangen Schell und Béhra den zweiten und den dritten Platz beim Großen Preis von Holland in Zandvoort.

Im Jahre 1959 änderte sich die Konzeption der BRM, und der Motor wanderte in das Heck, aber noch vor die Hinterachse. Bei einem unveränderten Hubraum von 2497 cm^3 erreichte der Motor mit dem nun vorgeschriebenen 100-Oktan-Benzin eine Leistung von 200 kW (272 PS) bei 8500 U/min. Dieser als Projekt 48 bezeichnete Typ bildete die Erfolgsgrundlage der späteren BRM-Modelle. Die gelungene Konstruktion von Peter Berthon brachte dem Schweden Joakim Bonnier beim Großen Preis von Holland in Zandvoort den Sieg (Durchschnitt 149,5 km/h). Bonnier hatte nach harten Zweikämpfen Jack Braham und Stirling Moss auf Cooper Climax hinter sich gelassen.

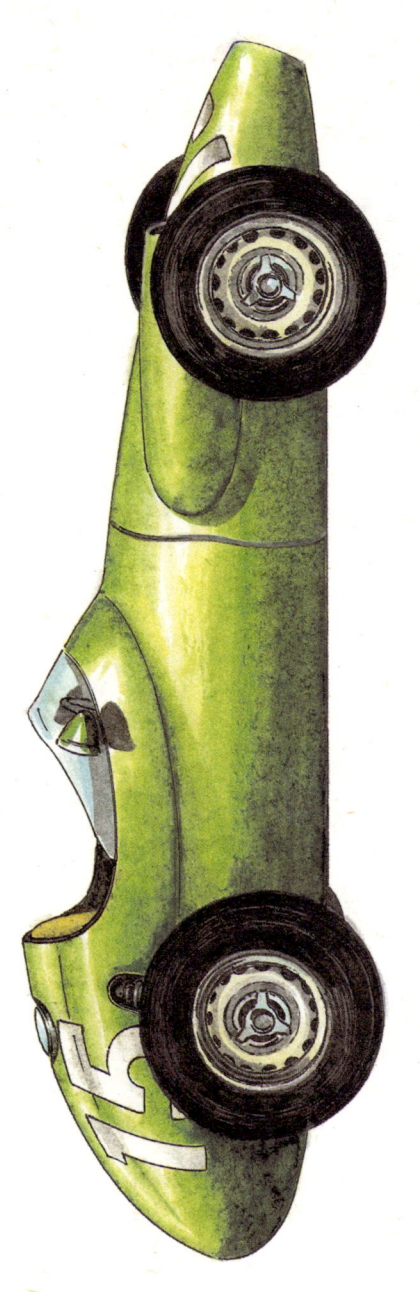

MASERATI 250 F/M   1957

Hersteller: Officine Alfieri Maserati SpA, Modena, Italien

Insgesamt existierten 34 Fahrzeuge des Typs 250 F, von denen sich einige grundlegend bei Fahrgestell, Motor und Karosserie unterschieden. Für Privatfahrer wurden die verschiedensten Versionen hergestellt. So wurde im September 1956 das Fahrgestell des 250 F zum Beispiel mit einem Sechszylindermotor ausgerüstet, der versetzt zur Rennwagenmitte eingebaut war. Der Motor mit einem Hubraum von 2494 cm^3 und drei Duplex-Vergasern von Weber hatte ein Verdichtungsverhältnis von 10,5 : 1 und erreichte eine Höchstleistung von 199 kW (270 PS) bei 8000 U/min.

Die Antriebskraft wurde vom Fünfganggetriebe über eine Mehrscheibenkupplung und eine Kardanwelle, die links neben der Wagenachse saß, übertragen. Der Pilot war rechts von der Symmetrieachse des Fahrzeuges untergebracht. Dadurch konnte der Schwerpunkt des Rennwagens niedriger gelegt werden. Im verlängerten Vorderteil der Karosserie befanden sich der Ölkühler und hinter ihm der Wasserkühler. Das Schmierungssystem des Motors mit trockenem Kurbelgehäuse machte drei Ölpumpen erforderlich.

Von diesem Modell 250 F/M wurden zwei von Stirling Moss und Jean Béhra gefahren. Sie wogen 630 kg und erreichten eine Höchstgeschwindigkeit von 280 km/h. Der Erfolg der neuen Konzeption wurde beim Großen Preis von Italien in Monza deutlich, als Moss mit einem Durchschnitt von 207,6 km/h auf den ersten Platz kam. Dies war gleichzeitig der erste Sieg eines britischen Rennfahrers bei einem Großen Preis von Europa.

Für weitere Versionen des Typs F/M wurde ein leichterer Rahmen verwendet. Drei der weiterentwickelten Wagen waren für die Werksfahrer Schell, Béhra und Fangio bestimmt, die mit ihnen 1957 insgesamt acht Siege bei Großen Preisen herausfuhren. Der erfolgreichste war Juan Manuel Fangio, der fünfmal siegte (Argentinien, Monaco, Frankreich, Deutschland und Buenos Aires) und zum fünften Mal Weltmeister wurde.

Den letzten Sieg bei einem Großen Preis errang der Typ 250 F im Jahre 1958 beim Großen Preis von Buenos Aires, und wieder saß Fangio am Steuer. Der 250 F war der erfolgreichste Maserati-Rennwagen nach dem Kriege. Die Maseratis waren auch noch in den 60er Jahren auf den Grand-Prix-Strecken zu sehen, als die Firma bereits ihre Selbständigkeit eingebüßt hatte. Maserati wurde von Citroën übernommen und in unseren Tagen hat sich der amerikanische Autokonzern Chrysler bei Maserati eingekauft.

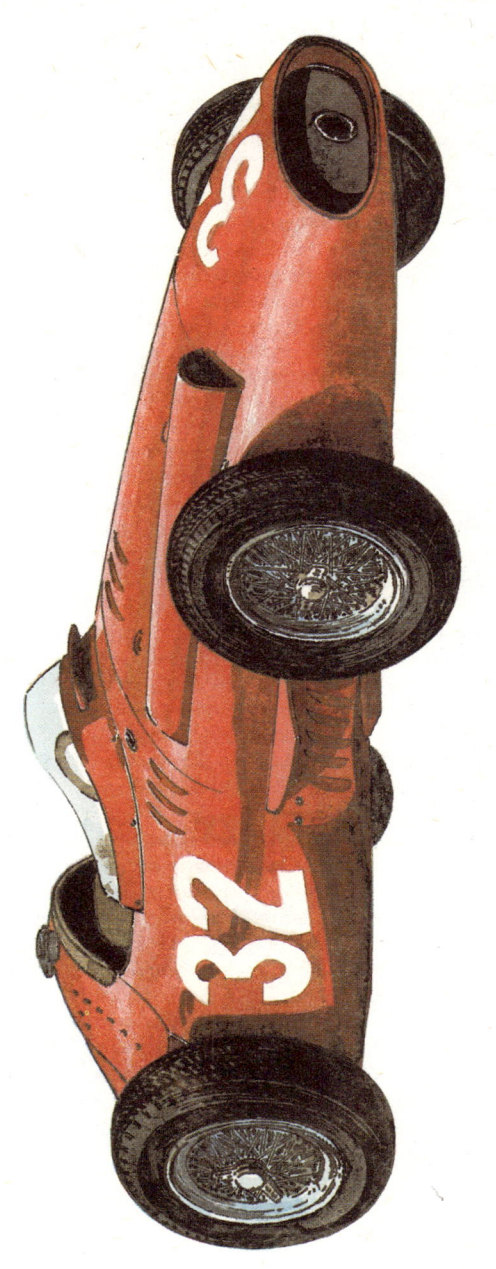

FERRARI 246   1958

Hersteller: Auto Costruzione Ferrari, Modena, Italien

Nach dem tödlichen Unfall von Alberto Ascari am 26. Mai 1955 bei einer Testfahrt mit einem Ferrari in Monza verkaufte Lancia alle Rennwagen an Enzo Ferrari. Ferrari ließ sie unter Leitung von Vittorio Jano umbauen und für höhere Leistungen präparieren. Die als V8 Lancia/Ferrari bezeichneten Fahrzeuge wurden 1956 zu den erfolgreichsten Formel-1-Autos. Fangio wurde mit ihnen Weltmeister, nachdem er drei Große Preise in Argentinien, in Großbritannien und in der Bundesrepublik Deutschland gewonnen hatte.

Zur gleichen Zeit bereitete Alfredo Ferrari einen neuen Sechszylinder-V-Motor vor. Der Name Dino (entstanden aus der Koseform Alfredino) wurde nach dem frühen Tod des Sohnes von Enzo Ferrari auch zur Bezeichnung von Motoren und Fahrzeugen. Der Dino-Motor war ursprünglich für die Formel 2 bestimmt und hatte deshalb einen Hubraum von 1,5 l. Im Jahre 1958 wurde sein Hubraum auf 2417 cm^3 (85 mm Bohrung mal 71 mm Hub) vergrößert, wodurch eine Motorleistung von 213 kW (290 PS) möglich wurde.

Der vorn liegende Motor besaß vier obenliegende Nockenwellen und seine Zylinder standen im 65-Grad-Winkel zueinander. Das Vierganggetriebe befand sich hinten beim Verteilergetriebe. Der Rohrrahmen trug die an Trapezlenkern einzeln aufgehängten Vorderräder mit Spiralfedern, während die hintere De-Dion-Starrachse durch eine halbelliptische Querblattfeder gefedert war. Das 560 kg schwere Fahrzeug erhielt die Typenbezeichnung 246 und erreichte eine Höchstgeschwindigkeit von 270 km/h.

Im Jahre 1958 war der Engländer Mike Hawthorn der erfolgreichste Rennfahrer auf diesem Wagen. Er gewann nur einen Großen Preis, konnte aber insgesamt die meisten Punkte sammeln und Weltmeister werden. Hawthorn belegte beim Großen Preis von Frankreich in Reims den ersten Platz, mit der hohen Durchschnittsgeschwindigkeit von 200,9 km/h. Von weiteren guten Plazierungen des Typs 246 seien noch der Sieg von Peter Collins beim Großen Preis von Großbritannien und der zweite Platz von Stirling Moss in Argentinien und Monaco sowie die zweiten Plätze von Hawthorn in Belgien, in Portugal, in Großbritannien, in Monza und in Marokko genannt.

VANWALL   1958

Hersteller: G. A. Vanderwell, Acton, London, Großbritannien

Der beste britische Rennwagen des Jahres 1958 dürfte der Vanwall gewesen sein. Dafür muß man dem Kolbenring- und Kugellagerhersteller Anthony Vanderwell danken, der auch bei der Entstehung des BRM aktiv mitwirkte. Da ihm genügend Mittel zur Verfügung standen, entschloß er sich zu Experimenten mit einem modifizierten 4,5-Liter-Ferrari, der unter dem Namen Thinwall Ferrari startete.

Der erste eigene Vanwall entstand im Jahre 1954. Es dauerte aber noch weitere vier Jahre, bis aus diesem Auto ein wirklich erstklassiger Formel-1-Rennwagen wurde. Vanderwell gewann zur Herstellung dieses britischen Rennautos die besten britischen Spezialisten: Colin Chapman für das Fahrgestell, Mike Costin für die Karosserie, Harry Weslake und Leon Kuzmicki von Norton für die Triebwerk-Technik. Das Ergebnis war überraschend. Das Auto verfügte über einen Vierzylindermotor mit 2490 cm^3 Hubraum, der 210 kW (285 PS) bei 7800 U/min erreichte. Von Bosch stammten die Benzineinspritzung und die Duplex-Zündung mit zwei Zündkerzen je Zylinder.

Zur Kraftübertragung wurden eine Mehrscheiben-Trockenkupplung und ein Fünfganggetriebe eingesetzt. An einem Rohrskelett, als tragender Teil des Fahrgestells, saßen vorn Einzelradaufhängungen und hinten eine De-Dion-Doppelgelenkachse. Alle Räder hatten Scheibenbremsen, und die strömungsgünstige Karosserie umschloß den Raum zwischen Vorder- und Hinterrädern, wo sie die Kraftstofftanks verdeckte. Das Fahrzeug wog 635 kg, dank des geringen Luftwiderstandes erreichte es eine Höchstgeschwindigkeit von 280 km/h.

Stirling Moss siegte im Jahre 1958 auf Vanwall beim Großen Preis von Holland in Zandvoort (Durchschnitt 153,4 km/h), in Portugal (167,4 km/h) und in Marokko. Der zweite Fahrer des Teams, Tony Brooks, ergänzte die Siegesserie durch erste Plätze in Belgien (207,8 km/h), in Italien (193,9 km/h) und in der Bundesrepublik Deutschland (144,5 km/h). Der dritte Vanwall-Fahrer war Stuart Lewis-Evans, der jeweils dritte Plätze in den Großen Preisen von Europa in Belgien und in Portugal belegte. Evans' Unfall beim Saisonabschluß-Rennen in Casablanca und seine eigene schlechte Gesundheit waren für Tony Vanderwell der Anlaß, den Rennbetrieb einzustellen und das Team aufzulösen. Aufgrund des Erfolgsjahres 1958 wurde Vanderwell zum besten Hersteller von Formel-1-Rennwagen erklärt. Die erste Weltmeisterschaft der Konstrukteure fiel an die englischen Vanwall-Rennwagen.

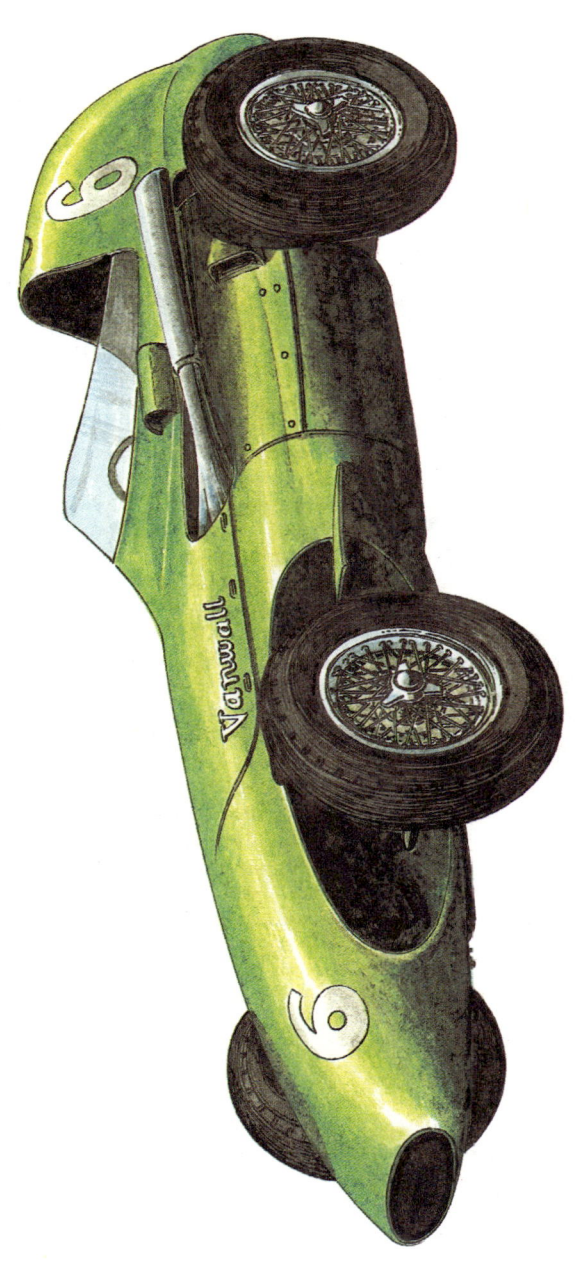

FERRARI 256   1959

Hersteller: Auto Costruzione Ferrari, Modena, Italien

1959 wurde in der Formel 1 der Engländer Tony Brooks Vizewelt-meister, und zwar auf Ferrari 256. Der Typ 256 war eine Weiterent-wicklung des erfolgreichen Ferrari 246, dessen Zylinderbohrungen auf 86 mm vergrößert wurden, wodurch der Hubraum des Motors auf 2474 cm^3 wuchs. Die Rennvorschriften der Formel 1 ließen als Kraftstoff nur Flugbenzin mit einer Oktanzahl von 100 bis 130 zu. Beim Einsatz von 100-Oktan-Benzin erreichte der Sechszylinder-V-Motor eine Leistung von 206 kW (280 PS) bei 8500 U/min. Den Kraftstoff führten drei Weber-Duplex-Vergaser zu, gezündet wurde das Ge-misch über je zwei Zündkerzen pro Zylinder mit einer Marelli-Zün-dung. Der Frontmotor war zur Längsachse des Fahrzeugs geneigt und ließ so die Führung der Kardanwelle neben dem Fahrersitz zu. Das Vieranggetriebe lag hinten bei der De-Dion-Hinterachse, aus Grün-den der Gewichtsersparnis wurde die Querblattfeder durch Spiralfe-dern ersetzt. Aus dem gleichen Grund setzte man einen diagonal versteiften Rahmen ein, wodurch gleichzeitig das gesamte Fahrge-stell verwindungssteifer wurde. Das Leergewicht des Fahrzeugs sank auf 560 kg, und es erreichte eine Höchstgeschwindigkeit von 270 km/h. Gegen Ende der 1959er Saison wurde die, für die immer leichter werdenden Konstruktionen nicht mehr zufriedenstellende, De-Dion-Achse von der hinteren Einzelradaufhängung mittels Paral-lelogramm-Querlenker abgelöst.

Der erfolgreichste Rennfahrer auf Ferrari 256 war Tony Brooks, der 1959 den Großen Preis von Frankreich in Reims (Durchschnitt 203,9 km/h) und das Avus-Rennen in Berlin gewann. Beim Großen Preis von Monaco war er zweiter und beim Großen Preis der USA in Sebring dritter. Und in Monaco belegten die Ferrari-Piloten Phil Hill, Dan Gurney und Allison den zweiten, vierten und fünften Platz.

COOPER CLIMAX 1959

Hersteller: Cooper Car Co. Ltd, Surbilon, Surrey, Großbritannien

Seit der großen vergangenen Zeit der Auto Union waren die Wagen von Cooper die ersten, die wieder einen Heckmotor besaßen. Vater Charles und Sohn John Cooper arbeiteten schon früh an dieser ungewöhnlichen Konzeption. Es begann im Jahre 1946 in einer kleinen Garage in Surbilon, wo die umgerüsteten kleinen Coopers, die von JAP-Motorradmotoren mit 500 oder 1000 cm³ Hubraum angetrieben wurden, den Grundstein für die neue Formel 3 legten.

Mitschöpfer des ersten Formel-1-Cooper war der Australier Jack Brabham, der zusammen mit Stirling Moss als offizieller Werksfahrer fungierte. Als Antriebseinheit diente ein Motor aus dem Werk Coventry-Climax, das im Jahre 1917 gegründet worden war und dessen ursprüngliches Produktionsprogramm Pumpen und Motoren für Feuerwehrspritzen umfaßte. Die Coventry-Climax-Motoren der Jahre 1955 bis 1960 hatten mit tragbaren Feuerspritzen nichts mehr zu tun, sondern beherrschten die Formel 2 Automobilrennen.

Nach Erfahrungen in den Formel-1-Rennen der Jahre 1957 und 1958 wurde für die Saison 1959 ein Vierzylinder-Reihenmotor konstruiert, der mit 94 mm Bohrung und 89,9 mm Hub auf einen Hubraum von 2495 cm³ kam. Der einfache und zuverlässige Motor mit DOHC-Ventilsteuerung und zwei Ventilen pro Zylinder war im 66-Grad-Winkel geneigt. Er erreichte eine Höchstleistung von 176 kW (239 PS) bei 6750 U/min. Das Kraftstoffgemisch wurde von zwei Weber-Horizontal-Vergasern aufbereitet. Die Antriebskraft wurde über eine Mehrscheiben-Trockenkupplung von Berg & Beck auf das Vierganggetriebe übertragen, das zusammen mit Motor und Differential in einem Block vor der Hinterachse lag. Das Fahrgestell aus einem diagonal versteiften Rohrrahmen verfügte vorn über eine Trapez-Einzelradaufhängung. Dazu gehörten schräge Spiralfedern und Querstabilisator. Die Hinterachse trug eine obere Querblattfeder, die später durch Spiralfedern ersetzt wurde. Den unteren Lenker bildeten die Dreiecks-Aufhängung und die Armstrong-Stoßdämpfer. Die aus Elektron gegossenen Räder hatten Girling-Scheibenbremsen.

Auch die Kunststoffkarosserie trug zum geringen Fahrzeuggewicht von nur 520 kg bei. Das Auto erreichte eine Höchstgeschwindigkeit von 250 km/h und war in den Jahren 1959 und 1960 der erfolgreichste Formel-1-Rennwagen. In dieser Zeit waren damit Fahrer wie Moss, Bruce McLaren und Brabham in elf von zwanzig für die Weltmeisterschaft gewerteten Rennen erfolgreich, und Jack Brabham wurde auf Cooper Climax zweimal Weltmeister.

LOTUS CLIMAX   1960

Hersteller: Lotus Cars Ltd, Cheshunt, Herts., Großbritannien

Der größte Konkurrent der Cooper war zu jener Zeit ein anderes britisches Auto — der Lotus. Gründer und Chef von Lotus war der außergewöhnlich begabte Konstrukteur Colin Chapman. Seine Entwürfe für Rennwagen zeichneten sich durch extrem niedrige Gewichte und originelle Fahrgestellkonstruktionen aus. Im Jahre 1960 bereitete Chapman für die Formel 1 ein neues Modell mit Heckmotor vor. Als Antriebsaggregat nutzte er für seinen Lotus einen Climax-Motor mit den gleichen Leistungsdaten wie im Cooper Climax. Der Fahrgestell — Gitterrohrrahmen war aus dünnwandigen Rohren geschweißt und trug zum Fahrzeuggewicht von nur 370 kg bei.

Chapmans Streben nach minimalem Gewicht verführte ihn zu gewagten, unorthodoxen Konstruktionen, denen Kritiker Sicherheitsrisiken vorwarfen. Er selbst meinte, daß seine Wagen ohnehin nur ein Rennen halten müßten. Beispielhaft war die Konstruktion der Hinterradaufhängung des 1960er Lotus, wo der obere Querlenker direkt von der Antriebswelle geführt wurde. Im Falle eines Wellenbruchs hätte dies den Verlust eines Rades zur Folge gahabt, da das Kreuzgelenk der Antriebswelle außer dem Antriebmoment auch Seitenkräfte übertrug. Die Längskräfte wurden durch zwei Schrägstützen aus Profilrohr auf das Fahrgestell übertragen. Der untere Teil der Radaufhängung ruhte auf einem subtilen Dreieckslenker, dessen Spitze sich mittels eines Kugelbolzens an den Rahmen stützte. Die Räder waren durch Spiralfedern mit einem hydraulischen Zentralstoßdämpfer gefedert. Zündung, Bremsen, Getriebe und Reifen ließ sich Chapman von Spezialfirmen liefern. Das Auto erreichte eine Höchstgeschwindigkeit von 270 km/h. Der neue Lotus hätte gleich beim ersten Einsatz im Jahre 1960 in Argentinien gewinnen können, kam aber wegen eines Fahrfehlers von Stirling Moss gegen Ende des Rennens um den ersten Platz. Aber beim nächsten Rennen, dem Großen Preis von Monaco, siegte Moss mit einer Durchschnittsgeschwindigkeit von 107,9 km/h. Einen bösen Zwischenfall erlebte er beim Großen Preis von Belgien, als sein Lotus tatsächlich ein Rad verlor. Das letzte Rennen der Saison gehörte wieder dem Lotus-Stall. Moss siegte beim Großen Preis der USA in Riverside.

Die neue Konzeption mit Heckmotor, niedrigem und leichtem Fahrgestell sowie dem fast liegenden Fahrer hatte sich endgültig durchgesetzt. Der Lotus von Colin Chapman wurde zu einem Formel-1-Rennwagen, mit dem ernsthaft gerechnet werden mußte.

FERRARI 156   1961

Hersteller: Societá Esercizio Fabbriche Automobili e Corse Ferrari Maranello, Modena, Italien

Der erste Ferrari-Rennwagen mit Heckmotor war der Typ 156 von 1961. Bei der Entwicklung der Antriebseinheit wurde vom bewährten Sechszylinder-V-Motor der Dino-Varianten ausgegangen, dessen Ventile einen Winkel von 120 Grad bildeten. Der Motor mit 73 mm Bohrung und 58,8 mm Hub kam auf einen Hubraum von 1476 cm^3 und erreichte bei einer Verdichtung von 9,8 : 1 die Höchstleistung von 140 kW (190 PS) bei 9500 U/min. Das Gemisch wurde von drei Weber-Vergasern bereitet und über zwei Zündkerzen pro Zylinder von der Marelli-Duplex-Zündung zur Verbrennung gebracht. Das Fünfganggetriebe lag hinter der Hinterachse, und die Lamellen-Trokkenkupplung befand sich bereits hinter dem Getriebe. Der Motorkühler war vorn, hinter zwei charakteristischen ovalen Ansaugöffnungen für den Fahrtwind.

Der diagonal versteifte Rohrrahmen trug eine leichte Aluminiumkarosserie. Die einzeln aufgehängten Vorderräder mit verstellbarer Neigungsgeometrie waren an Querlenkern befestigt, dazwischen befanden sich schräge Spiralfedern symmetrisch zu den Teleskopstoßdämpfern. Auch die Hinterräder waren einzeln aufgehängt. Die Länge der oberen Radführungslenker und damit die Neigung der Räder konnten verstellt werden. Zur leichten Beherrschbarkeit des Fahrzeugs trug auch die empfirdliche Zahnstangenlenkung bei. Alle Räder hatten Scheibenbremsen, die für die Hinterräder in unmittelbarer Nähe des Verteilergetriebes saßen. Die Speichenräder waren vorn etwas kleiner (5,50−15) als hinten (6,00−15). Das Auto wog 420 kg und erreichte eine Spitzengeschwindigkeit von 240 km/h.

Für die Saison 1962 wurde die Leistung weiter auf 144 kW (195 PS) bei 10 000 U/min erhöht. Gleichzeitig vergrößerte sich die Spurbreite vorn von 1200 auf 1340 mm und hinten auf 1320 mm. Die Höchstgeschwindigkeit des Fahrzeuges stieg auf 255 km/h. Das Auto hatte ein Sechsganggetriebe, um den engen Bereich der Maximalleistung besser nutzen zu können.

Mit dem Typ 156 wurde − als erster Amerikaner − Phil Hill 1961 Weltmeister. Punkte hatte er vor allem durch die Siege beim Großen Preis von Belgien in Spa (Durchschnitt 204,6 km/h) und beim Großen Preis von Italien in Monza (209,5 km/h) gesammelt. Der Ferrari 156 siegte weiterhin bei den Großen Preisen von Holland (Graf Berghe von Trips), von Frankreich (Baghetti) und von Großbritannien (von Trips). Ferrari wurde damit zum ersten Male Markenweltmeister.

PORSCHE 1961

Hersteller: Dr. Ing. h. c. F. Porsche KG, Stuttgart, Deutschland

Der einzige Formel-1-Rennwagen mit luftgekühltem Motor war der Porsche. An Grand-Prix-Rennen nahm er seit 1961 teil, anfangs noch mit dem traditionallen Vierzylindermotor. Die Fahrer des Porsche-Teams waren der Amerikaner Dan Gurney, der Schwede Joakim Bonnier und der Deutsche Hans Herrmann. Ihre Plazierungen während der ersten Saison reichten vom zweiten bis zum elften Platz. 1962 kam der neue Achtzylinder-Boxermotor mit vierfacher OHC-Ventilsteuerung zum Einsatz. Der Hubraum des Motors mit 66 mm Bohrung und 54,6 mm Hub betrug 1,5 Liter. Die neunfach gelagerte Kurbelwelle trieb über Verteilerwellen und Kegelzahnräder vier Nockenwellen an, die Gemischaufbereitung hatten vier Weber-Duplex-Vergaser übernommen. Die Zündanlage von Bosch hatte zwei Verteiler und vier Spulen. Zur Kühlung des Motors diente ein Axiallüfter, der sich über dem liegenden Motor befand. Das Antriebsaggregat selbst lag vor der Hinterachse, und gegenüber das synchronisierte Porsche-Sechsganggetriebe.

Der Rohrrahmen wurde von der Aluminiumkarosserie verdeckt, in der der Fahrer nicht wie bei der Konkurrenz liegend, sondern verhältnismäßig aufrecht sitzend untergebracht war. Beide Achsen hatten eine Einzelrad-Trapez-Querlenkeraufhängung mit Drehstabfedern, an allen vier Rädern saßen Scheibenbremsen. Zum Einsatz kamen 15-Zoll-Reifen von Dunlop.

Der Motor erreichte eine Höchstleistung von 133 kW (180 PS) und konnte so keineswegs mit den Rennwagen anderer Marken mithalten, die damals 150 und 160 kW (204 bis 218 PS) brachten. Trotzdem konnte Dan Gurney die überragenden Fahreigenschaften des Porsche so gut nutzen, daß er 1961 dreimal den zweiten Platz errang. Dies gelang ihm beim Großen Preis von Frankreich in Reims, beim Großen Preis von Italien in Monza und schließlich auch beim Großen Preis der USA in Watkins Glen. Im darauffolgenden Jahr wurde Gurney sogar einmal Sieger mit dem Achtzylindermodell: in Rouen in Frankreich, wo er bei dem ersten Gewinn eines Formel-1-Grand Prix für Porsche Tony Maggs auf Cooper und Ginther auf BRM hinter sich ließ. Porsche beendete die Teilnahme an Formel-1-Rennen im Jahre 1962.

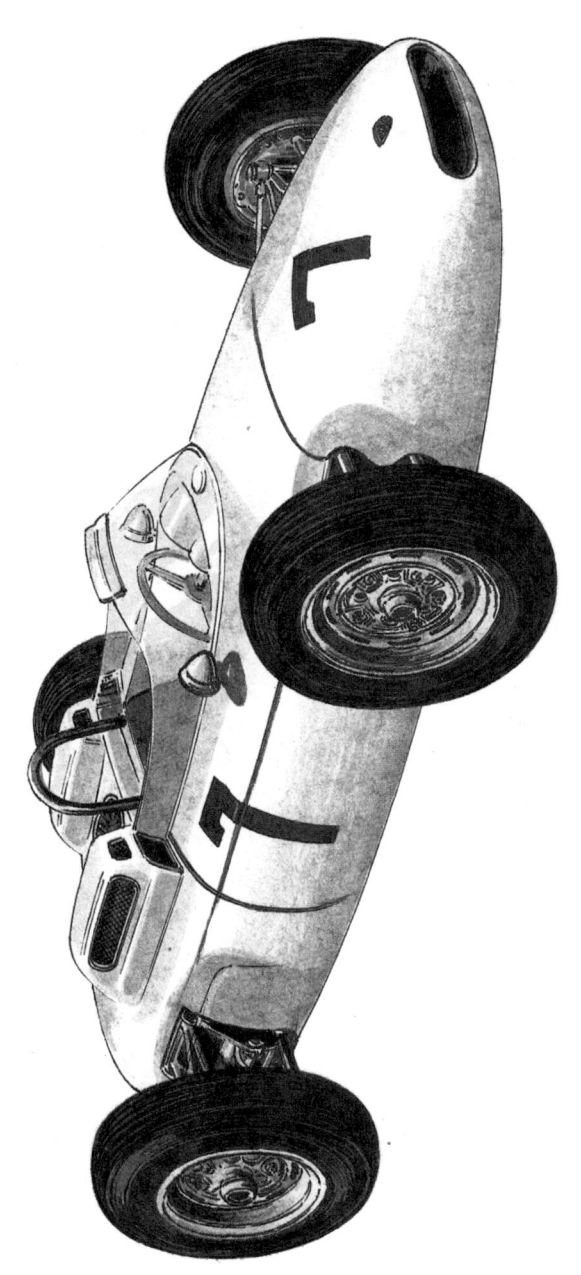

BRM 56-V8   1962

Hersteller: British Racing Motors, Lincolnshire, Bourne, Goßbritannien

Die Drohung von Sir Alfred Owen, sich im Falle weiterer Mißerfolge in der 1962er Saison aus dem Renngeschäft zurückzuziehen, beflügelte offenbar seine Konstrukteure ungemein. Das daraufhin entstandene, völlig neue BRM-Modell 56 erhielt einen Achtzylinder-V-Motor mit 68,5 mm Bohrung und 50,8 mm Hub. Die zwei Ventile pro Zylinder standen im 90-Grad-Winkel zueinander. Bei einem Hubraum von 1490 cm³ und einem Verdichtungsverhältnis von 10 : 1 leistete der Motor zunächst 133 kW (181 PS), später bis zu 151 kW (205 PS) bei 11 000 U/min. Großen Anteil an dieser immensen Leistungssteigerung hatte die Lucas-Kraftstoffeinspritzung. Die OHC-Ventilsteuerung erfolgte über je zwei obenliegende Nockenwellen, die − von einem Zahnradsystem angetrieben − in Wälzlagern liefen. Die Antriebskraft wurde über eine Mehrscheiben-Trockenkupplung auf ein von Valerio Colotti entwickeltes Sechsganggetriebe übertragen.

Das Fahrgestell bildete ein Rohrrahmen mit Trapez-Radaufhängungen. Die Halbachsen wurden durch Spiralfedern mit konzentrischen Armstrong-Stoßdämpfern gefecert. Vorn und hinten kamen Dunlop-Scheibenbremsen zum Einsatz, und die 15-Zoll-Felgen waren aus einer Leichtmetallegierung gegossen. Mit der von Tony Rudd kreierten, nur 700 mm hohen selbsttragenden Karosserie brachte das Auto leer 465 kg auf die Waage! Es erreichte eine Höchstgeschwindigkeit von 280 km/h.

Sir Owen konnte endlich zufrieden sein: Der komplett in Großbritannien gefertigte Rennwagen mit der typischen dunkelgrünen Lackierung zeichnete sich durch seine außergewöhnliche Zuverlässigkeit aus. Die Engländer Graham Hill und Tony Brooks sowie der Amerikaner Richie Ginther waren damit mehrfach erfolgreich. Hill, der beste Mann auf BRM, gewann vier Große Preise: in Südafrika (Durchschnitt 155,5 km/h), in Zandvoort den Großen Preis von Europa (153,5 km/h), in der Bundesrepublik Deutschland (129,1 km/h) und in Italien (198,9 km/h). Zweimal war er zweiter − in Belgien und in den USA. Souverän wurde Hill zum ersten Male Weltmeister und sicherte gleichzeitig der Marke BRM den Weltmeistertitel der Rennwagenkonstrukteure der Formel 1.

LOTUS MK 25   1963

Hersteller: Lotus Cars Ltd, Cheshunt, Herts., Großbritannien

Nach Bekanntwerden des 1961er Reglements machte sich Colin Chapman an die Arbeit und konstruierte den Lotus 25. Der einfallsreiche Brite rüstete sein neuestes Modell mit einem selbsttragenden Schalenaufbau aus gestanztem Blech, dem sogenannten Monocoque, aus und überraschte damit Laien und Fachleute: eine Revolution im Rennwagenbau! Im Vergleich zu den herkömmlichen Fachwerk-Rohrrahmen erhöhten sich zwar die Herstellungskosten, aber der selbsttragende Aufbau bot bei geringerem Gewicht eine größere Steifigkeit. Schrittweise wurde dieses Konzept auch von den anderen Konstrukteuren aufgegriffen und beim Rennwagenbau eingesetzt.

Den tragenden Teil der Karosserie bildeten leichte Längsträger aus geschlossenen Profilen und Querstreben zur Befestigung der Radaufhängungen, der Lenkung, des Überrollbügels hinter dem Fahrersitz sowie des Antriebsaggregats. Die Räder hingen an ungleich langen Querlenkern. Die Spiralfedern mit Teleskopstoßdämpfern befanden sich vorn unter der Karosserie und hinten schräg vor den Radantrieben. Zu beiden Seiten des Fahrers und hinter ihm waren die Kraftstofftanks mit einem Inhalt von insgesamt 115 l verteilt.

Der Achtzylinder-V-Motor vom Typ Coventry-Climax FWMV V8 erreichte – bei 63 mm Bohrung und 60 mm Hub – einen Hubraum von 1496 cm^3 und leistete 138 kW (187 PS) bei 8500 U/min. Kombiniert war er mit einer Lucas-Transistorzündung und vier Weber-Duplex-Vergasern. Die Antriebskraft wurde von einem ZF-Fünfganggetriebe übertragen. An allen vier Rädern kamen Girling-Scheibenbremsen zum Einsatz.

Chapman setzte auf den Leichtbau (zum Beispiel Felgen aus Elektron) und eine strömungsgünstige Karosserie mit minimaler Frontfläche. Der Fahrer lag fast waagerecht im Auto, und um das extrem kleine Lenkrad herum blieb kein unnötiger Millimeter frei. So führte aus Platzgründen der Hebel für die Gangschaltung durch einen der seitlichen Kraftstoffbehälter! Das Leergewicht des Autos betrug nur 450 kg, und es erreichte eine Höchstgeschwindigkeit von 280 km/h.

Seine hervorragenden Fahr- und Leistungsdaten, vervielfacht durch das Können von Jim Clark, brachten Lotus viele Erfolge ein. Chapman wurde Weltmeister der Formel-1-Rennwagenhersteller des Jahres 1963, und Jim Clark konnte auf diesem Wagen erstmals den Weltmeistertitel erringen, nachdem er sieben von zehn Großen Preisen gewonnen hatte und einmal zweiter wurde.

FERRARI 158   1964

Hersteller: Societá Esercizio Fabbriche Automobili e Corse Ferrari Maranello, Modena, Italien

1964 war für Ferrari wieder einmal ein Jahr der Erfolge. Der siebenfache Motorradweltmeister John Surtees wurde auf Ferrari 158 Weltmeister der Formel 1. Und das italienische Unternehmen belegte den ersten Platz in der Weltwertung der Konstrukteure.

Äußerlich ähnelte das neue Modell dem erfolgreichen Ferrari 156 vom Beginn der 60er Jahre überhaupt nicht mehr. Der neue Motor, dessen acht Zylinder V-förmig im 90-Grad-Winkel angeordnet waren, erreichte einen Hubraum von 1487 cm^3 (67 mm Bohrung mal 52,8 mm Hub). Bei einem Verdichtungsverhältnis von 10,5 : 1 leistete er maximal 155 kW (210 PS) bei 11 000 U/min. Anstelle von Vergasern kam eine Bosch-Kraftstoffeinspritzung zum Einsatz. Die Einspritzpumpe befand sich zwischen den Zylindern und wurde von der Nockenwelle über einen Zahnriemen angetrieben. Auch die Transistorzündung stammte von Bosch. Unmittelbar hinter dem Motor war die Lamellen-Trockenkupplung angeordnet, während sich das Fünfganggetriebe hinter der Hinterachse befand. Der Wagen konnte auch mit Sechs- oder Siebenganggetriebe ausgerüstet werden.

Die flache, selbsttragende Schalenkarosserie, die den Fahrer — erstmals bei Ferrari — zu einer fast liegenden Sitzposition zwang, war aus leichten Aluminiumblechen zusammengenietet. Einige Karosserieteile und die Kraftstofftanks bestanden schon aus Kunststoff. Der Motor fungierte als tragendes Teil des Wagens. Die Karosserie verdeckte vorn die Spiralfedern mit den gleichachsigen Stoßdämpfern sowie die Kraftstoffbehälter, die sich zu beiden Seiten des Fahrers befanden. Für die aus Elektron gegossenen Räder wurden vorn und hinten Einzelrad-Queraufhängungen genutzt. Zu den guten Fahreigenschaften des Ferrari trug auch die 7 Zoll breite Dunlop-Racing-Hinterradbereifung bei. Ebenfalls von Dunlop stammten die innenbelüfteten Scheibenbremsen. Der Rennwagen brachte es auf ein Leergewicht von 470 kg und erreichte eine Höchstgeschwindigkeit von 285 km/h.

Auf Ferrari fuhren in der 1964er Saison John Surtees und einige Male Lorenzo Bandini sowie Ricardo Rodriguez. Surtees gewann den Großen Preis von Deutschland auf dem Nürburgring (Durchschnitt 155,3 km/h), und den Großen Preis von Italien in Monza (205,9 km/h). Zweiter wurde er in Zandvoort, Watkins Glen und Mexiko. Bandini siegte auf dem Typ 158, ausgerüstet mit dem Sechszylindermotor Dino 156, beim Großen Preis von Österreich in Zeltweg.

REPCO BRABHAM   1964

Hersteller: Motor Racing Developments Ltd, Byfleet, Großbritannien

Im Jahre 1961 machte sich der Weltmeister des Jahres 1959, Jack Brabham, selbständig und gründete zusammen mit seinem australischen Freund Ron Tauranac das Unternehmen Racing Developments Ltd. Sie begannen mit der Entwicklung von Rennwagen für die Formel Junior, die dann den Namen Repco Brabham erhielten — benannt nach dem australischen Repco-Konzern, der als Zulieferer fungierte.

Der erste Brabham der Formel , angetrieben von einem Achtzylinder-V-Motor von Coventry-Climax, war beim Großen Preis von Deutschland im Jahre 1962 gestartet. In jener Saison konnte Jack Brabham damit immerhin einen zweiten und zwei vierte Plätze herausfahren. 1963 wurde das Rennteam vergrößert, als Fahrer kam der Amerikaner Dan Gurney dazu.

Der Repco Brabham von 1964 hatte wiederum einen Achtzylinder-V-Motor von Coventry-Climax. Bei 1496 cm^3 Hubraum war eine Maximalleistung von 149 kW (203 PS) bei 9600 U/min möglich. Die Antriebskraft des Motors, der mit dem diagonal versteiften Rohrrahmen verblockt war, wurde von einer Mehrscheiben-Trockenkupplung auf ein Hewland-Fünfganggetriebe oder auf ein wahlweise eingesetztes Colotti-Francis-Sechsganggetriebe übertragen. Alle vier Räder waren einzeln aufgehängt. Die Karosserie des Repco Brabham war breiter und flacher als die des Konkurrenten Cooper. Mit dem 475 kg schweren Auto konnte eine Höchstgeschwindigkeit von 280 km/h erreicht werden.

Die Brabhams zeichneten sich vor allem durch ihre einfache Konstruktion aus, die eine relativ hohe Zuverlässigkeit und Lebensdauer garantierte. Daß die praktischen Erfahrungen Jack Brabhams in die Konstruktion eingeflossen waren, bewiesen die hervorragenden Fahreigenschaften, die das Auto besonders auch bei Privatfahrern sehr beliebt machten.

Das 1964er Modell konnte einige Erfolge verbuchen: Dan Gurney siegte beim Großen Preis von Frankreich in Rouen (Durchschnitt 175 km/h), Jack Brabham wurde dritter. Ebenfalls Grand-Prix-Sieger wurde Gurney in Mexiko (150 km/h).

BRM 1964

Hersteller: British Racing Motors, Lincolnshire, Bourne, Großbritannien

Im Jahre 1963 hatte Graham Hill auf BRM wiederum erfolgreich an den Grand-Prix-Rennen teilgenommen. Er siegte beim Großen Preis von Europa in Monaco und beim Großen Preis der USA in Watkins Glen.

Im Unterschied zu vielen anderen Firmen, die Formel-1-Autos konstruierten, entstand bei BRM alles im eigenen Werk in Bourne — vom Entwurf über die Prototypen und Testwagen bis hin zum fertigen Fahrzeug. Daß BRM zum Erfolg entschlossen war, zeigte auch die Personalpolitik: Der bisherige Abteilungsleiter Peter Berthon war zum Chefberater des Konzerns avanciert, und Tony Rudd — sein ehemaliger Stellvertreter, der seit 1949 bei BRM arbeitete — wurde Chef der Rennabteilung. Der Wagen für die 1963er Saison hatte einen verbesserten Motor und ein neues Sechsganggetriebe erhalten, und Tony Rudd konstruierte die neue Halbschalenkarosserie, Semi-Monocoque genannt. Damit war eine erhebliche Tieferlegung des gesamten Fahrzeugs möglich.

Im Jahre 1964 erschien der BRM mit einer völlig neuen selbsttragenden Karosserie, diesmal in Vollschalenbauweise (monocoque). Die Höchstleistung des bewährten Achtzylinder-V-Motors wurde auf 151 kW (205 PS) bei 11 000 U/min erhöht. Ursprünglich hatte man einen neuen Motor mit Vierventil-Zylinderköpfen vorgesehen, aber die Tests verliefen nicht zufriedenstellend. Die Konstrukteure wendeten sich deshalb wieder dem Zweiventilkopf zu, der einen guten Drehmomentverlauf zuließ. Mit einem Leergewicht von 460 kg kam das Auto dem 450-kg-Limit recht nahe. Die Höchstgeschwindigkeit des BRM lag bei 280 km/h.

Für das britische Unternehmen fuhren in der 1964er Saison Graham Hill und Richie Ginther. Bei den insgesamt zehn Grand-Prix-Rennen belegte Hill zwei erste, beim ersten Rennen des Jahres in Monaco (Durchschnitt 116,8 km/h), sowie in Watkins Glen (178,7 km/h) beim Großen Preis der USA, zwei zweite und drei dritte Plätze. Ginther war zweimal zweiter.

Die erfolgreichen BRM-Achtzylindermotoren setzte übrigens auch eine andere britische Firma für ihre Fahrzeuge ein — die British Racing Partnership (BRP).

HONDA 1965

Hersteller: Honda Motor Co Ltd, Tokio, Japan

Sensation der Rennsaison 1964 war der Start des japanischen Honda beim Großen Preis von Deutschland auf dem Nürburgring. Für seinen querliegenden Zwölfzylindermotor wurde die Maximalleistung mit 155 kW (210 PS) bei 12 000 U/min angegeben. Nicht so glücklich war die Gemischaufbereitung durch zwölf Keihin-Motorradvergaser, die besonders beim Start Schwierigkeiten bereiteten. Erwartungsgemäß behielten bei diesem Rennen die Skeptiker recht: der Amerikaner Ronnie Bucknum auf Honda schied, an 13. Stelle liegend, aus.

Doch der Chefingenieur der Honda-Rennabteilung, Yoshio Nakamura, und sein Kollege Hideo Takeda ließen sich davon nicht entmutigen. Vielmehr nutzten sie alle neugewonnenen Erfahrungen für die Konstruktion des nächsten Rennwagens. Dieser startete erstmals beim Großen Preis von Italien im Jahre 1965.

Der neue 1,5-Liter-Motor, der noch kurzhubiger als sein Vorgänger war (jetzt Bohrung 58,1 mm mal 47 mm Hub) brachte es bei 12 000 U/min auf 169 kW (230 PS). Insgesamt sechs Zündspulen und vier Nockenwellen besorgten Zündung und Steuerung des Vierventilers. Der Kühler befand sich über dem Motor in Kopfhöhe des Fahrers. Die Vergaser waren der Kraftstoffeinspritzung gewichen. Erstmals gab es auch einen Doppelauspuff. Bestandteile der Einzelradaufhängung waren Spiralfedern und Teleskopstoßdämpfer. Vorn und hinten wurden einstellbare Drehstabstabilisatoren angeordnet. Die Bereifung der Elektrongußräder stammte von Goodyear.

Die Japaner hatten sich mit der ihnen eigenen Gründlichkeit auf die weiteren Grand-Prix-Auftritte vorbereitet. Zwei Jahre lang sammelten sie Material, filmten und fotografierten. Und um auch beim Piloten sicherzugehen, wurde der ehemalige BRM-Fahrer Richie Ginther unter Vertrag genommen. Der Erfolg konnte nicht ausbleiben: Beim Großen Preis von Mexiko, dem letzten Formel-1-Rennen von 1965, siegte Ginther auf Honda (Durchschnitt 151,7 km/h).

Die japanische Firma wollte sich auch weiter an den werbewirksamen Rennen beteiligen, und bereitete deshalb ein neues, den von 1966 an geltenden Vorschriften entsprechendes Zwölfzylindermodell mit Vierventilköpfen vor, das bei 3 Liter Hubraum eine Maximalleistung von 294 kW (400 PS) erreichen sollte.

LOTUS 33 1965

Hersteller: Lotus Cars Ltd, Cheshunt, Herts., Großbritannien

Der erfolgreichste Wagen des Jahres 1965, der von Colin Chapman konstruierte Lotus 33, wurde von dem neuentwickelten Achtzylinder-V-Motor Climax V8 Mk4 mit Vierventilköpfen angetrieben. Die indirekte Kraftstoffeinspritzung und die kontaktlose Transistorzündung stammten von Lucas. Weitere erfolgversprechende Attribute waren das ZF-Fünfganggetriebe, die Girling-Scheibenbremsen und die 13-Zoll-Reifen von Dunlop. Die selbsttragende Monocoquekarosserie war nur 610 mm hoch und trug wesentlich zum geringen Leergewicht von nur 456 kg bei. Der 1,5-Liter-Motor mit einer Maximalleistung von 157 kW (213 PS) bei 10 000 U/min ließ eine Höchstgeschwindigkeit von 280 km/h zu.

Auf diesem Rennwagen bewies Jim Clark, daß er der beste Rennfahrer der Welt war. Er siegte bei sechs von zehn Grand-Prix-Rennen, die für die Weltmeisterschaft gewertet wurden. Und dabei konnte er nicht einmal beim Großen Preis von Monaco starten, da ihn Colin Chapman am gleichen Tage beim 500-Meilen-Rennen von Indianapolis antreten ließ. Seit 1916, als Dario Resta auf Peugeot gesiegt hatte, war hier kein Europäer mehr erfolgreich. Erst Jim Clark gelang es, der damit nicht nur 166 000 Dollar Preisgeld für Lotus, sondern auch eine Reihe persönlicher Präsente (z. B. ein Auto und reichlich Garderobe) gewann.

Im Falle von Clark und Lotus kam es zu einer nahezu idealen Paarung, die die erste Hälfte der 60er Jahre maßgebend prägte und nicht zuletzt Colin Chapman den Ruf des wagemutig-erfolgreichsten Konstrukteurs und Rennstallchefs verlieh. So wie in der Vorkriegsära mit Tazio Nuvolari, die Kompressorära 1951 mit Juan M. Fangio und die Grand-Prix-Zeit der 50er Jahre mit Stirling Moss endete, so schloß Jim Clark die Etappe der ausschließlich von klassischen Kolbenverbrennungsmotoren angetriebenen Rennwagen ab.

INDEX

74.	Maserati 250 F/M	I	1957
75.	Ferrari 246	I	1958
76.	Vanwall	GB	1958
77.	Ferrari 256	I	1959
78.	Cooper Climax	GB	1959
79.	Lotus Climax	GB	1960
80.	Ferrari 156	I	1961
81.	Porsche	D	1961

82.	BRM 56-V8	GB	1962
83.	Lotus Mk 25	GB	1963
84.	Ferrari 158	I	1964
85.	Repco Brabham	GB	1964
86.	BRM	GB	1964
87.	Honda	J	1965
88.	Lotus 33	GB	1965

QUELLENANGABEN

Boschi, S.: Il Tridente — Storia della Maserati. Mailand 1970

Gonway, H. G.: Bugatti — Le pur-sang des automobiles. Haynes 1974

Ferrari, E.: Meine Memoiren. Moderne Industrie, München 1964

Fiat-Wagenmodelle. Editoriale Domus, Mailand 1970

Hanzelka, B.: Vozy velkých cen. SNTL, Prag 1973

Hough, R.: Racing Cars. Paul Hamlyn Ltd., London 1963

Hucke, M. und U.: Die Geschichte der Bugatti-Automobile. Olds Verlag

Junková, E.: Má vzpomínka je Bugatti. Olympia, Prag 1972

Kirchberg, P.: Grand Prix Report 1934—1939. transpress, Berlin 1982

Litwin, J. A.: Zarys historii sportu samochodowego. WKL, Warschau 1980

Matteuci, M.: Storie dell'Automobile. STIG, Turin 1970

Pomeroy, L.: The Grand Prix Car. London 1949

Porázik, J.: Oldtimer, Autos aus den Jahren 1885—1940, Werner Dausien, Hanau, 2. A. 1985

Roberts, P.: Veteran and Vintage Cars. Paul Hamlyn Ltd., London 1963

Schmarbeck, W.: Auto-Museen in Europa. Motorbuch Verlag, Stuttgart 1982

Schrader, H.: Oldtimer Lexikon. BLV, München 1976

Stein, R.: Automobile. Flammarion, Paris 1962

Tanner, H.: Ferrari. G. T. Foulis Co. Ltd., London 1968

Tragatsch, E.: Das große Sport- und Rennwagenbuch. Hallwag, Bern 1968

INHALTSVERZEICHNIS